「明治天皇御尊影」
エドアルド・キヨッソーネ画（明治神宮蔵）

明治天皇百年祭記念

# 明治天皇とその時代

## 『明治天皇紀附図』を読む

明治神宮［監修］
米田雄介［編］

吉川弘文館

# 公刊によせて

本年、明治天皇が明治四十五年（一九一二）七月三十日に崩御されて百年という節目を迎えました。

明治天皇御製

國民《くにたみ》のうへやすかれとおもふのみ
　わが世にたえぬ思《おもひ》なりけり

幾多の国難に見舞われながら、つねに国と民の上を思われ、さらには諸外国との平和を望まれた明治天皇のもと、近代化と伝統継承の調和を図りつつ、人々が気高い理想と凛然たる気概、そして礼節をもって新しい国づくりに尽くしたのが「明治」という時代でした。

明治天皇は、無私なる御心で人々と苦楽をともにし、明け暮れ国家国民の安寧のために精励されました。この敬神愛民の尊い御姿を、今まさに私たちは仰ぐべきではないでしょうか。

「明治天皇紀附図《めいじてんのうきふず》」（宮内庁蔵）は、緻密に積み上げられた歴史考証に基づき、洋画家の二世五姓田芳柳《ごせだほうりゅう》が全身全霊をもって明治天皇の御事蹟を描いた八十一葉の水彩画であり、明治の大御代を視覚的に遺した稀有《けう》な歴史史料と言えます。この度、明治天皇百年祭にあたり、格別の思《おぼ》し召しにより、『明治天皇紀附図』（A3判、吉川弘文館刊）公刊の運びとなり、併せて本書をその書籍版として上梓することとなりました。

宮内庁をはじめこの公刊に寄せられた関係各位の御尽力に深く感謝し、本書が明治天皇の御事蹟を顕彰し、心を一つに絆を深めて国づくりに尽くした明治の先人たちの偉業を今に甦らせる縁《よすが》となることを切に祈ります。

平成二十四年七月

明治神宮

# 目次



# 凡例

一、本書は、宮内庁蔵の「明治天皇紀附図」を収録し、新たに解説を付したものである。
二、本書の書名は『明治天皇とその時代―『明治天皇紀附図』を読む』とした。
三、解説は、以下の方針のもとに執筆した。
　1　年代の表記は、元号を主とし、特に必要と認める場合に限って（　）の中に西暦を併記した。
　2　明治五年までについては、太陰太陽暦を用いて年月日を表記し、（　）内に太陽暦に換算した年月日を併記した。
四、年齢の記述は、数え年で記した。
五、巻末に明治天皇略年譜を掲げたが、特に本附図に関連するものについては、附図の番号を括弧内に註記した。

# 第一部

天皇は、ご誕生以来、命名・親王宣下・元服などのさまざまな通過儀礼を経て、幼年から青年へと成長し、孝明天皇の崩御により皇位を継承されることになった。その直後に新天皇は、徳川幕府から大政奉還を受け、王政復古の大号令を発令し、天皇親政を目指された。また、群臣を率いて国家の統治方針ともいうべき五箇條の御誓文を天神地祇に誓われている。明治国家の扉がいままさに開かれようとしており、天皇は、その扉の前に立たれたところである。

## 1 ご降誕

天皇は孝明天皇を父に、権大納言中山忠能《ただやす》の娘慶子《よしこ》を母として、母の実家のある京都御所の北隅、朔平門外の忠能邸でご生誕になった。時に嘉永五年九月二十二日（太陽暦一八五二年十一月三日、以下、太陽暦は括弧内に記す）である。なお天皇の誕生日は、後に明治節として祝われ、今は文化の日であり、国民の祝日である。ご生誕後、いわゆるお七夜に、幼名として祐宮《さちのみや》と賜わっている。その後、嘉永六年正月二十七日に、民間の喰初めにあたる箸初の儀が、また十二月二日に幼児が頭髪を初めて伸ばす儀式である髪置の儀が行われている。乳児から幼児へ成長された証しである。

（原題「御降誕」）

## 1　ご降誕

嘉永５年９月22日（1852年11月３日）　ご生母中山慶子の実家中山忠能邸に設けられたお産所

## 2 深曽木《ふかそぎ》（着袴《ちゃっこ》）

万延元年閏三月十六日（一八六〇年五月六日）、祐宮の深曽木の儀が行われた。深曽木は髪曽木とも言い、古くより二、三歳で髪置の儀が行われた後、五、六歳に髪を整える儀式のことである。近世の宮中では男女を問わず、原則として六、七歳の年の十二月に挙行されている。祐宮の場合も当初は七歳の十二月に行う予定であったが、儀式の直前に泉涌寺《せんにゅうじ》の火災があり、宮中の諸行事が停止された。よって深曽木の儀が挙行されたのは、火災の翌年のことであった。

この日、宮中の御三間《おみま》の上段の間に孝明天皇が出御、祐宮は中段の間に設けられた碁盤の上に立ち、青石二箇を踏みしめ、右手に末広を持ち、左手に小松と山橘の枝を握り、左大臣の一条忠香《ただか》が祐宮の髪を整えられた。終わると宮は「エイ」のかけ声とともに盤上から東南の方に飛び降りる。ついで皇子は、天皇から賜わった装束を着して天皇に拝謁する。この時、賜わった袴を着していることから、深曽木のことを袴着《はかまぎ》または着袴《ちゃっこ》ともいう。深曽木は幼児から少年への成長の儀式である。

（原題「御深曽木」）

2 深曽木（着袴）

万延元年閏３月16日（1860年５月６日）　京都御所の御三間において行われた深曽木の儀。いままさに髪を整えられた祐宮が碁盤から飛び降りようとされているところ

## 3　親王宣下

万延元年七月十日（一八六〇年八月二十六日）、孝明天皇は祐宮を儲君《もうけのきみ》とし、九月二十八日（十一月十日）に親王となる宣旨を下された。祐宮は、時に十歳である。

儲君とは皇太子や後嗣を指して用いることもあるが、江戸時代の儲君は皇太子ではない。ただ、皇位継承予定者であり、やがて皇太子となり、即位するのを例とした。しかし、儲君のまま皇太子を経ずに即位することもあり、儲君となった祐宮も皇太子を経ずに即位されている。

ところで、平安時代以降、天皇の子でも親王とする宣下がないと親王になることは出来なかった。九月二十八日、公卿らは宮中の陣の座において祐宮を親王とする宣旨を作成し、その宣旨を授けられて祐宮は親王となった。この時、睦仁《むつひと》の御名が孝明天皇から授けられ、祐宮は睦仁親王と呼ばれることになった。

（原題「立親王宣下」）

## 3 親王宣下

万延元年９月28日（1860年11月10日）　京都御所の陣の座で親王となる宣旨が下されたあと、内大臣が蔵人頭《くろうどのとう》に「睦仁」と記した命名書を授けているところ

## 4　践《せん》祚《そ》

慶応二年十二月二十五日（一八六七年一月三十日）に御父孝明天皇の崩御により、慶応三年正月九日（一八六七年二月十三日）に睦仁《むつひと》親王が践祚された。践祚とは、三種の神器を承けて皇位につくことで、睦仁親王は、清涼殿代《せいりょうでんだい》（小御所《こごしょ》）において神器を承け、親王の居所であった御三間《おみま》に剣璽《けんじ》を移されている。

践祚の儀が終わると、新天皇は引き続き清涼殿代の昼御座に出御された。当時、天皇は十五歳であるが、まだ元服以前であるから、まず、御座の前に侍る二条斉敬《なりゆき》の関白を改めて摂政とし、斉敬に万機を摂行するように命じられている。ついで、摂政二条斉敬は庭上に侍っている蔵人頭《くろうどのとう》の北小路《きたこうじ》俊昌を引き続き新帝の蔵人頭に補《ぶ》し、さらに蔵人頭に旧来と同じ待遇を与えるという勅命を伝えている。新体制の発足である。

（原題「践祚」）

4 践祚

慶応３年正月９日（1867年２月13日） 天皇（中央）は清涼殿代（小御所）で関白二条斉敬を改めて摂政に補された

## 5　大政奉還

慶応三年十月十四日（一八六七年十一月九日）、征夷大将軍の徳川慶喜は、上表して大政を天皇に奉還した。

これより先、十月三日（十月二十九日）に、前土佐藩主の山内豊信《とよしげ》は、藩士の後藤象二郎を通じて、慶喜に土地・兵馬の大権を朝廷に奉還するように勧告した。幕府も勧告を受け入れ、十三日、京都在住の十万石以上の諸藩の重臣らを二条城に召集して、大政奉還について意見を求めた。諸藩の重臣らの大半は、ことの重大さに確答を避けて退出したが、薩摩の小松帯刀《たてわき》、広島の辻将曹、土佐の後藤象二郎と福岡藤次らは相携えて、慶喜に時勢を論じて大権を朝廷に返納すべきことを説いたという。慶喜はこれらの意見を参考に、大政奉還と将軍職の返還を行うと上表、十五日、朝廷は幕府の請いを容れて大政奉還が成就した。

（原題「大政奉還」）

5

# 大政奉還

慶応３年10月13日（1867年11月８日）　二条城において薩摩藩の小松帯刀らが15代将軍徳川慶喜に大政奉還を進言しているところ

## 6　王政復古

慶応三年十二月九日（一八六八年一月三日）、王政復古の大号令が発せられた。

これより先、征夷大将軍の徳川慶喜が大政奉還の表を奉ったことから、朝廷では王政復古に関する基本方策を討議した。中でも注目されるのは、幕府の政策に異を唱えていたために、参朝停止や蟄居《ちっきょ》・閉門、さらには落飾《らくしょく》を命ぜられていた人々が復権したことである。公武合体を主張していた岩倉具視もそのうちの一人であった。岩倉は譴責《けんせき》処分を受けている時でも、朝廷内の重臣ばかりでなく、薩摩の西郷隆盛・大久保利通、長州の木戸孝允ら討幕派の人々とひそかに気脈を通じ、天皇親政を目指して画策していた。大政奉還により王政復古の時節が到来したのである。

朝廷では、大政奉還の上表を受けて、従来の摂政・関白や征夷大将軍・議奏・伝奏《てんそう》などを廃止し、代わって総裁・議定《ぎじょう》・参与を置くこととし、岩倉ら追放組の人たちも、新政府の要職に登用された。さらにその日の夜、天皇は小御所《こごしょ》に出御され、総裁・議定・参与らも出席して、王政復古の目的を遂行する政策立案を目指したが、徳川慶喜の扱いを巡って議論が白熱した。なかでも慶喜の参朝を求める議定の山内豊信《とよしげ》と朝敵として慶喜の参朝を認めない参与の岩倉とが激しく対立した。この会議を小御所会議という。

（原題「王政復古」）

# 6 王政復古

慶応３年12月９日（1868年１月３日） 京都御所の小御所において徳川慶喜の処遇を巡り、議定の山内豊信（左）と参与の岩倉具視（右）が対立しているところ

## 7　伏見・鳥羽の戦

明治元年正月三日（一八六八年一月二十七日）、京都南郊の伏見・鳥羽において新政府軍と旧幕府軍の戦闘が始まった。

これより先、徳川慶喜が大政を奉還した後も、なお慶喜を朝政に参画させせようとする旧幕府側とその勢力を排除しようとする薩摩や長州など新政府側との対立が深まった。当時大坂にいた慶喜は、薩摩討伐を求めた討薩表を上るため、会津・桑名二藩の兵を先鋒として上京しようとした。新政府側も旧幕府側との間に兵戈《へいか》を交えることは不可避と見て、慶喜軍の上京を阻止しようとし、伏見・鳥羽に兵を配した。

三日、旧幕府軍が鳥羽の関門を突破しようとしたことから、戦陣の火蓋が切られた。当初こそ両軍の雌雄は決しがたかったが、次第に新政府軍が勢いを得て、かつ朝命に従わないのは朝敵であるとの勅書を朝廷が下したことから、旧幕府軍は賊軍、新政府軍は官軍となった。勢いを得た官軍は賊軍を伏見・鳥羽から淀城へ追撃し、天下の形勢は徐々に新政府側に傾いた。敗色濃厚となった旧幕府軍は、淀を捨てて八幡《やはた》に退却、六日、慶喜は形勢利あらずと見て、淀川から天保山沖に出て、軍艦開陽丸に乗船して江戸に帰った。将を失った旧幕府軍は、大坂城にいた軍勢共々江戸に帰り、最後の決戦に備えた。

（原題「伏見鳥羽戦」）

# 7 伏見・鳥羽の戦

明治元年正月３日〜７日（1868年１月27日〜31日）　正月３日、鳥羽の城南宮近くで新政府軍と旧幕府軍が戦っているところ

## 8 元服の儀

明治元年正月十五日（一八六八年二月八日）、天皇の元服の儀が紫宸殿で挙行された。御年十七歳である。元服の儀は十五歳までの正月五日以内に行われるのを例としていたが、明治天皇の元服の儀が遅延したのは、激動する時勢のためである。

この日、天皇は童服を着し、紫宸殿の北廂に出御、大床子《おおしょうじ》の御座に就き、東面された。ついで能冠人の蔵人頭《くろうどのとう》の甘露寺《かんろじ》勝長が御髻《おんもとどり》を調え、御幘《おんさく》を結んだ。ついで天皇は御帳《みちょう》の中に移られ、式部卿の伏見宮邦家《くにいえ》親王が御冠をもって御帳台に上り、御冠を加えた。終了すると、権大納言の正親町実徳《おおぎまちさねあつ》が御帳台に参進して御髪を理《おさ》め、ここに天皇は一度、北廂に入御、能冠人の勝長をして御鬢《おんびん》を理めしめ、童服を改められた。ここに、天皇はふたたび御帳台に出御され、御盃の儀が行われて元服の儀が終了した。

平安時代以降、幼帝の即位の際は摂政が加冠の役を務めることになっていた。前年七月には、摂政二条斉敬《なりゆき》が加冠の役を命じられていたが、王政復古により摂政制が廃止されたために、伏見宮邦家親王が加冠を行った。

元服の儀の後、天皇は天下に大赦し、先に朝廷の方針に反したとして譴責された近衛忠熙《ただひろ》・九條道孝ら公卿《くぎょう》・堂上《とうしょう》ら十九人を特旨により赦免し、出仕参朝を許された。

（原題「御元服」）

# 8　元服の儀

明治元年正月15日（1868年２月８日）　伏見宮邦家親王が、紫宸殿の御帳台《みちょうだい》の中におられる天皇に御冠《おんかんむり》を差し上げているところ

## 9 二条城（太政官代）に行幸

明治元年二月三日（一八六八年二月二十五日）、天皇は直衣《のうし》を着し、剣璽《けんじ》を奉じて紫宸殿より二条城に行幸した。当時、二条城には、総裁以下の官人らが勤務している太政官代《だじょうかんだい》が置かれ、様々な庶政について議論し、決済が行われていたが、天皇のご判断を要する件については、天皇の行幸もやむを得ないところであった。江戸時代の天皇は宮中より外に出ることはなく、新天皇にとって二条城行幸は、初めての外出であった。以後、天皇のご判断を要することが少なくないことであろうから、行幸の際の儀仗《ぎじょう》はすべて簡易を旨とすべし、と天皇は令した。

天皇は二条城に到着すると、本丸白書院の上段の間に出御された。総裁・議定《ぎじょう》・上参与らは中段に、下参与らは廂《ひさし》に候じ、賊徒の親征および大総督設置のことを議せしめた。その後、天皇は総裁を招き、徳川慶喜以下の賊徒が江戸城に逃れ、人民が塗炭の苦しみに遭っていると述べて、親征の令を下されている。

さらに、天皇は諸臣に謁《えつ》を賜い、御昼餐《ごちゅうさん》の後、議定の中山忠能《ただやす》と正親町《おおぎまち》三条実愛《さねなる》を召して輔弼《ほひつ》とし、総裁職出仕を命ぜられている。この日、ほかに三職八局、徴士・貢士の制が制定された。

（原題「二条城太政官代行幸」）

## 9　二条城（太政官代）に行幸

明治元年２月３日（1868年２月25日）　天皇は葱華輦《そうかれん》に御《ぎょ》して、二条城の東大手門から太政官代に向かわれた

## 10　大総督熾仁《たるひと》親王が京都を出発

明治元年二月九日（一八六八年三月二日）、天皇は有栖川宮熾仁親王を東征大総督に補し、東海・東山・北陸三道の軍を統《す》べ、以て江戸の反乱軍を討伐するように命じられた。

二月十五日（三月八日）、親王は東征の途に就くために参内するが、ご体調のすぐれない天皇は親王を宮中御座所に召し、速やかに敵対勢力を掃討してその功を奏するように、との勅を下された。ついで小御所《こごしょ》において親王は、輔弼《ほひつ》の中山忠能《ただやす》から節刀一口、錦旗二旒《りゅう》を授けられた。

親王は宜秋門《ぎしゅうもん》より退下《たいげ》し、軍容を整えて建礼門前に整列して馬上から御所に別れを告げている。この時、随従の兵は福岡藩兵銃隊五百余人・砲隊若干および津和野藩兵若干という。

品川弥二郎作といわれる雑謡に「宮さん宮さんお馬の前にひらひらするのはなんじゃいな」とあるのは、大総督が授けられた錦旗を歌ったものと伝えられている。

（原題「大総督熾仁親王京都進発」）

10 大総督熾仁親王が京都を出発

明治元年２月15日（1868年３月８日）　京都御所の南の建礼門前で、有栖川宮熾仁親王（左の赤い装束）が馬上から皇居を拝しているところ

## 11　各国公使をご接見

明治元年二月三十日（一八六八年三月二十三日）、天皇は、フランス公使レオン・ロッシュ、オランダ公使ファン・ポルスブロックを紫宸殿においてご接見になった。

これより先、二月三日（二月二十五日）に三職八局を設置した時、特に朝廷では、外国との友好関係を明らかにするために、当時神戸に滞在中の各国公使をして入朝させることと定めた。二月七日（二月二十九日）には松平慶永《まつだいらよしなが》・山内豊信・島津忠義らが連署して外国公使を参朝させるべきと請い、天皇は聴許されている。

しかし、依然として異国の公使を接見することに異論を唱える者があり、公卿らも大いに憂慮したという。慶永や岩倉具視は、君主が他国の公使を引見するのは万国の通義であると奏し、天皇はこれを容れて外国公使を接見することを裁可され、三十日に紫宸殿において外国公使との接見が実現したのである。

（原題「各国公使召見」）

## 11 各国公使をご接見

明治元年２月30日（1868年３月23日） オランダ公使らは外国人として初めて宮中において接見を許された

# 12 五箇條の御誓文

明治元年三月十四日（一八六八年四月六日）、天皇は、公卿・諸侯・百官人を率いて紫宸殿に出御し、天神地祇を祀り、国是として五箇條を誓われた。すなわち、「広く会議を興し、万機公論に決すべし」、「上下心を一にして、盛に経綸を行ふべし」「官武一途庶民に至る迄、各其志を遂げ、人心をして倦ざらしめん事を要す」「旧来の陋習を破り、天地の公道に基くべし」「智識を世界に求め、大に皇基を振起すべし」と。

これより先、王政復古が実現していたが、施政の大方針はまだ周知されていなかった。このため福井藩士の三岡《みつおか》八郎（由利《ゆり》公正《きみまさ》）は、副総裁岩倉具視に政事の要綱を献策し、さらに参与福岡藤次（孝弟《たかちか》）にも諮って互いに考究し、成案を得たので、具視がこれを奏請した。天皇は、これを王政維新の方針とし、公卿《くぎょう》・諸侯らの意見を徴した。公卿の中には、神武天皇の創業を模範とするといいながら、諸侯を会してその席上で将来の方針を定めるのは、天子が万機を親裁する精神に反するなどと述べる者があり、議論が紛糾した。

結局、副総裁三条実美や木戸孝允らの提案により、天皇が諸侯を率いて天神地祇を祀り、国民に奉体させるとの新政府の方針が定まり、五箇條の御誓文が布告された。

（原題「五箇條御誓文」）

# 12 五箇條の御誓文

明治元年３月14日（1868年４月６日） 紫宸殿で南面される天皇を前に、副総裁の三条実美が天神地祇を祀る神殿に東面して五箇條の御誓文を読み上げているところ

## 13　江戸城の開城交渉

明治元年三月十四日（一八六八年四月六日）江戸高輪《たかなわ》の薩摩藩邸において、大総督府参謀の西郷吉之助（隆盛）は旧幕臣で陸軍総裁の勝麟太郎（海舟）と会談した。前日に続く二度目の会談であった。

これより先、大政奉還後も、徳川将軍家の復権を願っていた旧幕府勢力に対し、朝廷側は征討大総督に有栖川宮熾仁親王《ありすがわのみやたるひと》を任命して征討軍を京都から江戸へ下向させた。一方、徳川慶喜は恭順の意向を示したが、征討軍の江戸入城を阻止しようとする動きがあった。このような事態を踏まえ、慶喜は勝に諸般の全権を授けた。勝は慶喜の意を察し、和を重んじ、士民の苦しみを救済することを旨として鎮撫に当たることとし、腹心の山岡鉄太郎を進軍中の西郷の許に遣わし、江戸城への攻撃を止めさせようとした。

しかし、西郷は慶喜の謝罪に実がないと非難し、官軍の総攻撃を三月十五日と定め、その二日前の十三日に、薩摩藩邸において勝と会見したのである。勝は西郷に慶喜の恭順の状を伝え、また官軍の総攻撃により将軍家に降嫁した親子《ちかこ》内親王（孝明天皇の御妹）の安危も測り知るべからずと述べ、大事の前の決断を西郷に迫った。その日は結論をえられず、翌十四日に再度、両名は会談し、江戸城の明け渡し、慶喜は隠居して水戸に謹慎、幕府側の所有する軍艦・武器などの引き渡し、城内に居住する家臣らの城外退去などについて合意した。

結局、西郷は江戸城の攻撃中止を指示し、江戸城は無血開城されるに至った。

（原題「江戸開城談判」）

## 13 江戸城の開城交渉

明治元年３月14日（1868年４月６日）　江戸の薩摩藩邸での西郷吉之助（隆盛、中央左）と勝麟太郎（海舟、中央右）の談判。それに聞き耳を立てる薩摩隼人たち（左）

## 14　我が国初の観艦式

明治元年三月二十六日（一八六八年四月十八日）、天皇は大坂港の天保山《てんぽうざん》に行幸、海軍を親閲した。

これより先、二十一日（四月十三日）、天皇は京都御所を出発し、京都郊外の鳥羽の城南宮を経て、石清水八幡宮《いわしみず》に参拝し、二十三日には本願寺津村別院の大坂行在所《あんざいしょ》に到着された。それより大坂に滞在すること一ヶ月余、閏《うるう》四月八日（五月二十九日）に京都に還幸した。

この間、天皇は大坂の各地を行幸した。三月二十六日には、行在所を出発し、天保山に行幸して御座所に入御された。時に海軍総督嘉言《よしこと》親王が乗船する佐賀藩船の電流丸が祝砲を発するや、碇舶中のフランスの軍艦は祝砲を発し、電流丸は礼砲でこれに応じた。

御昼餐《ごちゅうさん》後、佐賀・熊本・萩・久留米の藩船の艦隊運動が天覧に供され、ついで各艦は兵庫方面に進航した。その戦隊の威風堂々とした壮観さは比類なきものであり、天顔ことに麗しくあられたと伝えられている。因みに、これは我が国の観艦式の嚆矢《こうし》である。

（原題「大坂行幸諸藩軍艦御覧」）

# 14 我が国初の観艦式

明治元年３月26日（1868年４月18日）　大坂天保山に設けられた御座所（中央海沿い）から天皇は沖を航行する諸藩の軍艦をご覧になった。我が国の観艦式の始まりである

## 15　即位の礼

明治元年八月二十七日（一八六八年十月十二日）、即位の礼が紫宸殿で行われた。

これより先、王政復古が実現し、神武天皇の建国の精神を理想とした国是を受けて、今回の即位礼は大幅に変更された。すなわち大宝律令の施行以降、即位礼は中国の唐の形式に倣って行われ、天皇は袞冕《こんべん》十二章とよばれる中国風の装束を着して高御座《たかみくら》に登壇され、随伴の大臣以下もまた中国風の装束であった。明治維新によって、天皇は平安時代に成立した束帯《そくたい》を着し、直垂《ひたたれ》を被って紫宸殿に出御され、大臣以下も衣冠束帯を身に纏って参列した。また紫宸殿の軒下に張った横幕（帽額《もこう》）には、従前のように吉祥を表す珍獣などではなく、瑞雲たなびく日本的な文様が描かれている。また、南庭《だんてい》にはこれまでの烏銅幢《うどうどう》や青竜・白虎《びゃっこ》・玄武・朱雀《すざく》の四神の幡などを止め、いずれも榊に代えている。さらに、水戸藩主徳川斉昭が献上した地球儀を南庭の中央に据えることが計画されるなど、旧来とは違った式場のなかで即位礼が行われた。なお儀式の開始直前に降雨があり、地球儀は承明門《じょうめいもん》内に移された。

（原題「即位礼」）

## 15 即位の礼

明治元年８月27日（1868年10月12日） 紫宸殿で行われた即位の儀式では、天皇以下、貴族・官人らの装束や南庭の敷設などに新しい趣向が凝らされた

## 16　農民の収穫作業をご覧

明治元年九月二十七日（一八六八年十一月十一日）、東京行幸の途次、天皇は尾張国熱田駅の東、八丁畷《はっちょうなわて》に駐輦《ちゅうれん》し、農作業の実況をご覧になった。随行の岩倉具視は、農民に命じて稲穂を得て天覧に供している。

これより先、天皇は、行列が通過するところの人々が仕事を中止して奉迎していると聞こし召され、沿道の府藩県に令して営業は尋常のようにせよと仰せられた。農民の生業を直視した天皇は、その労苦に痛く感銘を受けた様子で、農民らに饅頭を賜い、彼らの農作業をねぎらわれた。

（原題「農民収穫御覧」）

16

# 農民の収穫作業をご覧

明治元年９月27日（1868年11月11日）　尾張国熱田駅の東方、八丁畷附近で鳳輦の中から天皇が稲刈りをご覧になっているところ

## 17　東京にご到着

明治元年十月十三日（一八六八年十一月二十六日）、天皇は初めて東京の土を踏まれた。

これより先、九月十三日（十月二十八日）に、天皇が東京に行幸することが発表されると、京都の公卿ばかりでなく、庶民の中にも、東北地方がまだ平定されていないこと、厖大な戦費により国が疲弊していること、あるいは東京行幸（東幸）が遷都につながるとの懸念などから、東幸に反対する者が少なくなかった。しかし、岩倉具視・大久保利通らが強く東幸を勧め、九月二十日（十一月四日）天皇は京都御所の建礼門を出発し、十月十三日、江戸城に到着されたのである。天皇は、江戸城西の丸を皇居とし、江戸城を東京城と定められた。

十二月七日（一八六九年一月十九日）、一旦、京都に還幸するが、明年ふたたび東京に行幸するから、東京城旧本丸跡に宮殿を造営するようにと天皇は命じ、翌八日、京都に向けて出発された。

（原題「東京御著輦」）

# 17 東京にご到着

明治元年10月13日（1868年11月26日）　天皇は西の丸大手門（今の二重橋、奥）を通られて東京城に入城された

## 18　ご成婚

明治元年十二月二十八日（一八六九年二月九日）、従三位《じゅさんみ》一条美子《はるこ》姫が皇后に冊立された。美子姫は嘉永三年四月十七日（一八五〇年五月二十八日）に、父一条忠香《ただか》と母新畑民子の間に誕生、初め勝子《まさこ》と命名され、富貴君《ふきぎみ》と称したが、後に寿栄君《すえぎみ》と改められた。慶応三年六月二十八日（七月二十八日）に女御《にょうご》に内定し、その前日に名前を勝子から美子と改めた。

平安時代以降、天皇には複数の女御が置かれ、いずれか一人が皇后に冊立《さくりつ》されていたが、江戸時代には女御は一人だけとなり、しかも皇后に冊立される前日までに女御とする宣旨《せんじ》が下され、翌日以降に皇后に冊立するのが例となった。

一条美子姫の場合も、早くに女御にすると内定されていたが、まだ正式に宣旨が下されていなかった。そこで皇后冊立に先立ち、十二月二十六日に、美子姫を従三位に叙し、二十八日、美子姫は牛車《ぎっしゃ》に乗って実家の一条家を出発、御所の朔平門《さくへいもん》に至って牛を解き放ち、玄輝門《げんきもん》を経て皇后の居所となる飛香舎《ひぎょうしゃ》に到着すると、この後、女御宣下《せんげ》があり、引き続き皇后冊立の儀が行われた。

（原題「皇后冊立」）

## 18 ご成婚

明治元年12月28日（1869年２月９日） 一条美子姫の牛車が玄輝門前に差し掛かったところ。奥に飛香舎の屋根が見える

# 第二部

天皇は、我が国や中国の古典を通じて歴史を学ぶとともに、西洋の歴史や法律・制度を学ぶことで、視野を世界に向けられている。また、自身の身体を鍛錬するとともに、近衛兵や侍従らを相手に軍事訓練を行い、号令の訓練なども行われている。さらに、北海道から九州に及ぶ国内各地を六度にわたって巡幸し（六大巡幸）、農工業をはじめ日本社会の実情を自身の目で確かめられている。つまり天皇は、ご自身の立場を自覚し、心身を鍛錬し、視野の拡大を図られている。また、江戸時代末以来の懸案である不平等条約の改正を進め、経済の混乱を収拾するために兌換制度を治定し、軍人勅諭を下賜するなどの政策遂行を図られた。

## 19　伊勢の神宮にご参拝

明治二年三月十二日（一八六九年四月二十三日）、天皇は伊勢の神宮に親謁された。

これより先、天皇はふたたび東京へ行幸するため、三月七日（四月十八日）に京都御所を出発、草津・水口《みなくち》・関・津・松坂などを経て、十一日、外宮《げくう》の行在所《あんざいしょ》に到着された。翌十二日、天皇は、黄櫨染《こうろぜん》の御袍《ごほう》を着し、葱華輦《そうかれん》に乗って豊受太神宮《とようけだいじんぐう》を参拝された。ついで一旦、行在所に還り、昼餐《ちゅうさん》の後、内宮《ないくう》に向かい、まず宇治橋を渡り、内宮に着し、小休の後、沐浴して皇太《こうたい》神宮《じんぐう》に参拝された。その後、内宮の行在所に還御されている。天皇が両太神宮を親拝されたのは、神宮鎮座以来初めてのことであった。

（原題「神宮親謁」）

19 伊勢の神宮にご参拝

明治２年３月12日（1869年４月23日） 天皇は伊勢の内宮の外玉垣御門から瑞垣御門内へお進みになった

## 20 廃藩置県

明治四年七月十四日（一八七一年八月二十九日）、全国の藩を廃止して県とした。

これより先、元年閏《うるう》四月に新政府は政体書を発し、中央においては太政官《だじょうかん》を分割して議政・行政・神祇・会計・軍務・外国・刑法の七官を設け、地方は府・藩・県の三治体制を取ると定めた。しかし、実際には政府の直轄地を府・県とし、藩を旧来の通りとして藩主（藩知事）の兵馬・徴税の権を容認したため、封建体制がそのまま残存した。ところが一部の藩にあっては、王政復古の趣旨において藩政の存続に異論を唱えるものがあり、また財政の逼迫に悩み、自ら藩知事の職を辞退する者が現れた。政府の内部においても、当初は、廃藩置県を積極的に進めようとする勢力と、慎重に行うべしとする勢力とが対立したが、やがて積極論者が大勢を占めるようになった。

この日、天皇は紫宸殿代《ししんでんだい》大広間に出御し、在京の藩知事五十六人を召して廃藩置県の詔を下され、諸藩知事は皆拝伏して詔の趣旨に従った。また、在藩の知事に対しては九月中をもって上京するように命じられた。かくして藩知事は罷免されて、東京府貫属となり、新たに地方官として府知事・県知事が置かれ、政府によって任命された。ここに文字通り、廃藩置県が成立した。

（原題「廃藩置県」）

## 20 廃藩置県

明治４年７月14日（1871年８月29日）　皇居の紫宸殿代（大広間）において、在京56藩の知事を前にして、右大臣の三条実美が廃藩置県の詔書を読み上げているところ

## 21　岩倉大使を欧米に派遣

明治四年十一月十二日（一八七一年十二月二十三日）、岩倉具視を特命全権大使とする使節団が欧米に派遣された。かつて幕末の多事多端の中、我が国は欧米各国と条約を締結したが、条約文の中に我が国に不利益な条項があることから、王政復古ののち、国内政治の基礎が整備される中で、その不利益を是正する準備に着手した。まず、欧米各国の制度・法律・理財・教育などを認識して我が国の制度と比較し、各国政府と取り交わした条約の廃棄または改正に関してそれぞれの国と協議することを企図した。そして、条約を締結している各国に我が国の使節を派遣して実情の調査を行わせることとし、十月八日、外務卿《きょう》の岩倉具視を右大臣に任じて特命全権大使とし、参議木戸孝允・大蔵卿大久保利通・工部大輔《たゆう》伊藤博文・外務少輔《しょうゆう》山口尚《なお》芳《よし》を特命全権副使と定めた。

十一月十日、岩倉らは横浜に向かい、翌日、太平洋会社郵船のアメリカ号に乗船した。使節団の一行は大使以下四十八名、男女留学生五十四人で、女子留学生の中には九歳の津田梅《うめ》（津田塾大学の創設者）、十二歳の山川捨松《すてまつ》（のちの大山巌《いわお》の妻）の名も見える。一行は、初め米国に渡り、それより順次、欧州各国を巡り、明治六年九月十三日に帰国した。

（原題「岩倉大使欧米派遣」）

21

# 岩倉大使を欧米に派遣

明治４年11月12日（1871年12月23日）　小船（中央）に乗った岩倉大使らが太平洋を横断するアメリカ号に乗船しようとしているところ

## 22　大嘗祭《だいじょうさい》

明治四年十一月十七日（一八七一年十二月二十八日）、大嘗祭が皇居の吹上御苑《ふきあげぎょえん》において行われた。

大嘗祭は、天皇践祚の年、またはその翌年に、皇位を継承する所以《ゆえん》を天祖および天神地祇《てんじんちぎ》に奉告し、併せて天皇自ら新穀を供される儀式で、天皇の一代に一度のみ行われる大祀《たいし》である。毎年、大嘗祭に類した儀式が十一月後半の卯《う》・辰《たつ》・巳《み》の日に行われている。これは新嘗祭《にいなめさい》である。大嘗祭は、天武天皇朝に始まると言われ、戦国時代から江戸時代の中頃まで中絶したものの、再興された。

明治天皇の即位後、天皇の京都還幸の際に大嘗祭を行おうという動きがあったものの、明治二年以降も世上は騒然として、大嘗祭の実施は困難な状況であった。政府は、明治四年十一月に大嘗祭を行うこととしたが、神武天皇の創業を模範とすることを国是としたのを受け、江戸時代までの儀式次第とは異なる新儀式を行うこととなった。すなわち、京都でなく東京で大嘗祭を行うこと、浜離宮の延遼館《えんりょうかん》で開かれた豊明節会《とよのあかりのせちえ》に外国の使臣を招くこと、官民に大嘗宮《だいじょうきゅう》などの建物を公開し、また儀式の要旨を印刷して周知させるなど、いくつもの新機軸を打ち出し、大嘗祭の意義を内外に知らしめようとしたのである。

（原題「大嘗祭」）

## 22 大嘗祭

明治４年11月17日（1871年12月28日） 天皇（列の中央よりやや後方）が廻立殿《かいりゅうでん》から親祭を行う悠紀殿《ゆきでん》に向かわれているところ

## 23　長崎にご到着（九州・西国巡幸）

明治五年五月二十三日（一八七二年六月二十八日）、天皇は皇居を出発し、浜殿（現在の浜離宮）より小船に乗り、品川沖に停泊中の御召艦《おめしかん》「龍驤《りゅうじょう》」に乗船し、九州・西国方面に出航された。第一丁卯《ていぼう》艦が先導し、日進・春日などの諸艦が従った。途中、天皇は伊勢の外宮《げくう》および内宮《ないくう》に参拝し、ついで大坂・京都を経て下関に至り、六月十四日（七月十九日）に長崎港に入港された。この間、天皇は各地の実況を視察されている。

（原題「中国西国巡幸長崎御入港」）

23

# 長崎にご到着（九州・西国巡幸）

明治５年６月14日（1872年７月19日）　御召艦「龍驤」以下の各艦が長崎に入港しようとしているところ

## 24　鹿児島にご到着（九州・西国巡幸）

明治五年六月十七日（一八七二年七月二十二日）、御召艦《おめしかん》「龍《りゅう》驤《じょう》」は長崎港を出航し、熊本を経て、六月二十二日（七月二十七日）鹿児島に到着した。天皇は島津氏の旧邸を行在所《あんざいしょ》とし、舟形砲台・大砲製造所・陶器会社・紡績所などをご覧になった。

七月二日（八月五日）、天皇は鹿児島を出発し、丸亀・神戸を経て、七月十二日（八月十五日）、横浜に到着された。

今回の巡幸に際し、天皇は初めて新制の洋服をお召しになった。また、上陸後の陸行は輦《れん》を用いず御馬に騎乗された。

（原題「中国西国巡幸鹿児島著御」）

## 24 鹿児島にご到着（九州・西国巡幸）

明治５年６月22日（1872年７月27日） 鹿児島に到着した天皇が鹿児島城内の旧島津邸に入られるところ

## 25　琉球藩設置

明治五年九月十四日（一八七二年十月十六日）、琉球藩が設置され、旧琉球国王の尚泰《しょうたい》が藩王となった。

琉球列島は鹿児島県の南方洋上に位置し、古くより薩摩の属領であったが、往来はしきりに行われ、政治・経済・文化など互いに影響するところが少なくなかった。明治四年の廃藩置県にあたり、薩摩藩は鹿児島県となり、琉球は鹿児島県の管轄となった。従来、琉球列島は琉球王尚氏の統治するところで、鹿児島県の管下に置かれるのになじまず、このため政府は特に琉球藩を置いて尚泰を以て藩王に任じようとした。そこで、尚泰は伊江王子の尚健を正使とし、副使以下三十余人を上京させることとした。

明治五年七月二十五日（八月二十八日）に尚健ら一行は、首《しゅ》里城《りじょう》の守礼《しゅれい》の門から上京し、九月十四日、参内して天皇に拝謁して藩の設置を奏請した。天皇はこれを容れ、詔書を以て尚泰を琉球藩王として華族に列するとし、藩内に流通させる通貨を賜わり、藩王尚泰には邸宅を東京に下賜された。

この後、明治十二年（一八七九）三月に琉球藩は廃されて沖縄県となり、琉球列島は沖縄県の管轄となった。

（原題「琉球藩設置」）

25 琉球藩設置

明治５年７月25日（1872年８月28日）　琉球藩設置を請願する使節は、首里城の守礼の門から出発して上京した

## 26 京浜鉄道開業式に行幸

明治五年九月十二日（一八七二年十月十四日）、天皇は新橋・横浜間の鉄道開業式に臨御された。

江戸時代末、鉄道敷設の計画が存在したものの、幕府の崩壊により実現しなかった。明治三年、政府は鉄道寮を置き、新橋・横浜間に鉄道敷設の計画を立て、まず明治五年二月に横浜・品川間に鉄路を敷設し、八月に品川・新橋間を開通させ、初期の目的を達成した。

この日、天皇は馬車で新橋駅に至り、汽車に乗車して横浜駅に到着された。その後、横浜鉄道館（駅舎）における開業式に臨み、随行の政府要人をはじめ、外国公使および経済人らを招いて勅語を賜い、鉄道敷設関係者の労をねぎらわれた。そして、汽車で新橋駅に帰着すると、再び開業式に臨まれた。

また、開業式終了後、浜離宮の延遼館において招宴が催された。

（原題「京浜鉄道開業式行幸」）

26

# 京浜鉄道開業式に行幸

明治５年９月12日（1872年10月14日）　天皇は馬車で新橋駅に到着し、横浜まで汽車に乗られた

## 27　習志野原の野営演習をご統率

明治六年（一八七三）四月二十九日、千葉県大和田村で野営演習を行うため、天皇は騎馬にて近衛兵を親《みずか》ら引率して西丸大手門を出御し、演習地の曠野《こうや》に天幕を張り、以て練武の範をお示しになった。

この夜、風雨が激しく、幕舎が転覆するかと思われたが、天皇は泰然とされていたという。翌三十日、風雨が止むと、天皇は全軍を東西両軍に分かち、対抗演習を実施させ、終日、統監された。両軍の激闘により大衝突の懼れがあるとして、天皇は演習の中止を命じられた。この日も前日と同じく幕営し、翌五月一日早朝、天皇はやはり騎馬にて演習参加の部隊を率いて、皇居に還御《かんぎょ》された。

十三日、天皇は先に演習を行われた曠野を演武に適合する地であるとして、習志野原と命名され、操練場と定められた。

（原題「習志野原演習行幸」）

27

# 習志野原の野営演習をご統率

明治６年（1873）４月29日～５月１日　天皇は千葉県の大和田村（習志野原）で近衛兵の演習を統率された

## 28　皇后、皇太后が富岡製糸場に行啓

明治六年（一八七三）六月十九日、皇后（昭憲皇太后）は明治天皇の御母の英照皇太后《えいしょうこうたいごう》と共に富岡製糸場に向けて東京を出発された。富岡製糸場は、政府の殖産興業政策の一環として設立されたもので、明治五年十月に開業した官営模範工場である。連日の降雨により到着が遅れ、二十四日、ようやく富岡製糸場のご視察が実現した。皇后は、場内の作業の様子や機械室をご覧になった。東京へ戻る途中、二十六日には武蔵国の篤農家宅に立ち寄り、養蚕の実況をご覧になっている。

明治六年五月に皇居が炎上し、宮中に設けられていた養蚕所も類焼した。富岡製糸場への行啓は、その直後のことであった。皇后と皇太后は養蚕・製糸の実情を見学するために、当時、もっとも進歩的な工場とされた富岡製糸場に行啓し、篤農家宅を視察された。行啓は殖産興業の奨励を目的としたものであったが、宮中での養蚕の参考にもされたことであろう。

（原題「富岡製糸場行啓」）

28

皇后、皇太后が富岡製糸場に行啓

明治6年（1873）6月24日　皇后（昭憲皇太后）は英照皇太后（明治天皇の御母）とともに群馬県の富岡製糸場を視察された

## 29　教練で近衛兵をご統率

天皇は、早くから皇居内の御苑において、しばしば近衛兵らの操練を行い、また侍従を兵隊に見立てて自ら指揮するなど、軍事に関する研究を行われていた。

明治六年（一八七三）五月に皇居が炎上すると、赤坂仮皇居の御苑や樹林中において、天皇は近衛兵を小隊または大隊に編成して教練を指揮し、また号令の練習を行われた。このほか乗馬・射的・打毬《だきゅう》などにより自らの身体鍛錬を行われている。明治七年には練兵を七十余回、射的を四十余回も実施し、乗馬については一・六の公休日であっても休まず、特に八月以降は毎日夕刻に乗馬され、その回数は、一年間で二百六十余回を数えた。

（原題「御練兵」）

29

# 教練で近衛兵をご統率

明治７年（1874）　赤坂仮皇居内の御苑で、天皇が馬上から近衛兵の教練を指揮されているところ

## 30　侍講による講義

天皇は、文久二年五月二十七日（一八六二年六月二十四日）に読書始《どくしょはじめ》の儀式を行っているが、それ以前から、日本や中国の古典の素読《そどく》を通じて書物に親しまれていた。読書始の後も日中の古典を学習し、『古事記』『日本書紀』をはじめ『日本外史』『皇朝史略』『神皇正統記《じんのうしょうとうき》』などは福羽美静《ふくばびせい》から、『史記』『大学』『中庸』『論語』『孟子』『詩経』『貞観政要《じょうがんせいよう》』といった中国の古典は元田永孚《ながざね》などから進講を受けられていた。

明治八年（一八七五）一月に侍医・侍講の制が定められると、福羽や元田らが改めて侍講に補《ぶ》された。同時に加藤弘之が侍講を命じられ、欧米の政治・経済・社会・文化などを講義している。また、遅れて侍講となった西村茂樹は、フランスの政治・制度などを教授している。

天皇のご修学について、後年加藤は、その日の授業で理解がおよばないときは、次の授業で理解できるまで質問し、理解されたことは忘れることはなく、必ず政務に活用されている、と回顧している。

（原題「侍講進講」）

30 侍講による講義

明治８年（1875） 天皇は赤坂仮皇居で侍講からご進講を受け、君徳の涵養《かんよう》に努められた

## 31　水戸徳川邸に行幸

明治八年（一八七五）四月四日、天皇は小梅村（いまの隅田川東岸）の旧水戸藩主徳川昭武《あきたけ》の邸宅に行幸した。

天皇は、まず二階に陳列された二代藩主光圀《みつくに》や幕末の九代藩主斉昭《なりあき》らの遺文・肖像及び和漢の書画をご覧になり、ついで桜咲く庭に出て、隅田川における漁業の様子をご覧になった。

その後、天皇はふたたび楼上《ろうじょう》の玉座につき、昭武を召して、光圀や斉昭の書を見ていると、彼らの功績を思わずにはおれないと述べ、昭武も彼らの遺志を継ぎ、益々努力するように、との勅語を下賜されている。

さらに、天皇は浅草の旧尾張藩主徳川慶勝《よしかつ》邸に向い、陳列の書画・文具をご覧になった。

五月十五日、天皇は、小梅邸の桜を詠んだ御製の短冊《たんざく》を昭武に下賜された。

花ぐはしさくらもあれどこのやどの
　代代のこころをわれはとひけり

（原題「徳川邸行幸」）

31

# 水戸徳川邸に行幸

明治８年（1875）４月４日　天皇は水戸徳川邸に行幸し、隅田川の投《と》網《あみ》漁《りょう》をご覧になった

## 32　皇后、田植えをご視察

明治八年（一八七五）六月十八日、皇后（昭憲皇太后）は赤坂仮皇居御苑内の水田で田植えをご覧になった。

かねて御苑の近くに住む農夫によって、水田の耕作が行われていたが、この日、皇后は皇后宮大夫《こうごうぐうたいふ》や女官《にょかん》を伴って稲田に臨んで田植えをご覧になり、興味津々の様子であられた。時折、降雨があり、女官が還御を勧めても、農夫は雨風を厭わず作業をしているから、いまその実際の様子を観るのはかえって幸運ではないかと皇后は答え、衣服の裾が濡れるのも厭うことなく田植えをご覧になった、と伝えられている。

仮皇居へ還御の後、皇后は田植えに従事した農夫らに菓子を賜い、労をねぎらわれている。

（原題「皇后宮田植御覧」）

32

皇后、田植えをご視察

明治８年（1875）６月18日　小雨の中、赤坂仮皇居の水田で、皇后（昭憲皇太后）は女官らとともに田植えをご覧になった

## 33　地方官会議にご臨席

明治八年（一八七五）六月二十日、天皇は、東京浅草の東本願寺別院で開催された第一回地方官会議の開院式に臨まれた。

これより先、四月に天皇は正院《せいいん》に臨み、新しく元老院と大審院《だいしんいん》を設置して、立法と司法の二権を置き、行政とともに三権に分離し、かつ府知事・県令を構成員として地方官会議を開催する、との詔を下された。地方官会議は、元老院とともに立法機関に位置づけられた。詔書は、五箇條の御誓文の趣旨に沿って三権分立を目指したものと言われている。第一回地方官会議では、地方警察・土木・民会について議論が行われた。

（原題「地方官会議臨御」）

## 33 地方官会議にご臨席

明治８年（1875）６月20日　第１回地方官会議の開院式が東京浅草の東本願寺別院において行われ、天皇は勅語を下賜された

## 34　皇后、東京女子師範学校に行啓

明治八年（一八七五）十一月二十九日、皇后（昭憲皇太后）は東京女子師範学校の開業式に行啓し、令旨《りょうじ》を下された。

これより先、政府は女子教育の発展を願い、東京に女子師範学校を開設しようとして校舎の建設を進めていた。令旨では、同校の発展により女子教育が全国に普及することを願う、との趣旨が述べられている。のちに、皇后は同校につぎの御歌《みうた》を下賜された。その趣旨からして、御歌は広く教育界に贈られたものと言える。

みがかずば玉も鏡も何かせむ
　まなびの道もかくこそありけれ
（原題「女子師範学校行啓」）

34 皇后、東京女子師範学校に行啓

明治８年（1875）11月29日　皇后は東京女子師範学校開業式に行啓し、授業をご覧になった

## 35　盛岡八幡社で地元産馬を叡覧

明治九年（一八七六）六月二日から七月二十一日に至る五十日間、天皇は埼玉・茨城・栃木・福島・宮城・岩手・青森の各県および北海道の函館を巡幸した。

七月七日、天皇は岩手県の盛岡八幡社に行幸し、社頭の馬場において、四百余頭の地元産馬、南部家に伝わる軍馬の曲乗り、近在の農民などによる豊年踊りをご覧になられている。当時、馬は軍用はもとより、産業用としても重要視されたため、天皇は馬の改良に意を用いられていた。

（原題「奥羽巡幸馬匹御覧」）

35

# 盛岡八幡社で地元産馬を叡覧

明治９年（1876）７月７日　天皇は、岩手県の盛岡八幡社境内の馬場で地元産馬をご覧になった

## 36　神武天皇陵にご参拝

明治十年（一八七七）二月十一日、紀元節に当たるこの日、天皇は、大和国に行幸し、初代神武天皇の御陵である畝傍山《うねびやまの》東北陵《うしとらのすみのみささぎ》を参拝された。

これより先、天皇は御父孝明天皇の十年祭を京都の後月輪《のちのつきのわの》東山陵《ひがしのみささぎ》において行われ、その時の儀仗兵《ぎじょうへい》の整列や御拝の次第に倣って、畝傍山東北陵における親謁《しんえつ》の儀が行われた。これまで、天皇が在位中に先祖の陵に参拝されることはほとんどなかったが、以後、御陵参拝の道筋が開かれることになった。天皇の御陵参拝は、祖業を追慕し、敬愛の心より発したものと言われている。

天皇が宿泊された今井行在所《あんざいしょ》（称念寺）では、国栖舞《くずのまい》が天覧に供された。この舞は、天皇の御代替りなどに舞われる由緒あるものである。

（原題「畝傍陵親謁」）

## 36 神武天皇陵にご参拝

明治10年（1877）２月11日　天皇は初代神武天皇の陵に歴代天皇として初めて親謁された

## 37　政府軍が熊本城に籠城（西南戦争）

明治六年（一八七三）十月、朝鮮への使節派遣問題を巡って政府と対立した西郷隆盛は、参議を辞任して郷里の鹿児島に帰り、私学校《しがっこう》を設立して子弟の養成を図っていた。

明治十年二月、私学校生らは西郷を擁立して挙兵し、進軍を始めた。周辺の士族の中にも西郷軍に同調するものが少なくなかった。二十一日、西郷軍は熊本鎮台《ちんだい》のある熊本城に到達し、以後、谷干城《たてき》の率いる守備隊との間で、五十日に及ぶ攻防が繰り広げられ、戦火は城内だけではなく、市街地にも及んだ。

熊本鎮台に立て籠もっていた政府軍は、食糧・弾薬も底をつき始めていたが、政府は徴兵令による軍隊を増派して西郷軍を攻撃し、四月十四日、城を包囲していた西郷軍は退却して熊本籠城が解かれた。

その後、西郷軍は退却を重ね、九月二十四日、西郷隆盛は鹿児島の城山において自尽し、西南戦争は終結した。

（原題「西南役熊本籠城」）

# 37 政府軍が熊本城に籠城（西南戦争）

明治10年（1877）２月21日～４月14日　熊本城を望む花岡山から攻撃を仕掛ける西郷軍

## 38　皇后とともに内国勧業博覧会に行幸啓

明治十年（一八七七）八月二十一日、天皇は皇后（昭憲皇太后）を伴って、上野公園で開催の第一回内国勧業博覧会開場式に出席し、勅語を下された。勅語の内容は、博覧会の展示品を拝するにつけ、日々知識が増進し、技術がますます精巧を極めている様が見てとれ、人々の奮励努力により産業が振興し、全国が富み栄えることが願われる、との趣旨であった。

内国勧業博覧会は、国内産業の発展を図ることを目的に殖産興業政策の一環として開催され、以後、東京で二回、京都・大阪で各一回ずつ催された。天皇は、毎回博覧会に行幸している。

（原題「内国勧業博覧会行幸啓」）

38 皇后とともに内国勧業博覧会に行幸啓

明治10年（1877）８月21日　第１回内国勧業博覧会の開場式の後、天皇と皇后は美術館に行幸啓した

## 39　能楽をご鑑賞

英照皇太后（明治天皇の御母）が能楽をお好みであったことから、明治十一年（一八七八）三月、青山御所の謁見所・御車寄を増築した改修工事に合わせて、能舞台が設けられた。

七月五日、舞台開きに際して、天皇は青山御所に行幸し、皇太后とともに演能をご覧になった。皇后（昭憲皇太后）も行啓の予定であったが、ご不例のため欠席された。その後も天皇は、皇后と青山御所に行幸啓し、皇太后とともに能楽をご覧になり、孝養を尽くされた。

なお、天皇は舞台開きの演能に先立ち装束料を下賜し、その後も装束賃借料を、さらには装束調製料を下賜して、能楽の再興に尽くされている。

（原題「能楽御覧」）

39

## 能楽をご鑑賞

明治11年（1878）７月５日　青山御所に設けられた能舞台で演能をご覧になる明治天皇と英照皇太后

## 40　皇后の「初雁ノ御歌」

明治十一年（一八七八）八月三十日から十一月九日の間、天皇は北陸・東海両道を巡幸した。近衛兵による反乱事件（竹橋事件）直後の巡幸であることから、前途に若干の不安もあったが、天皇は、従来と同じく学校や産業関連の施設を中心に視察された。

一方、皇后（昭憲皇太后）は、赤坂仮皇居の庭を散策中に、たまたま初雁《はつかり》の飛ぶのをご覧になり、はるかに巡幸中の天皇に思いを馳せて「初雁ノ御歌」を詠まれた。この御歌は、皇后宮《こうごうぐう》大夫《たいふ》の元田永孚《ながざね》から巡幸に供奉していた侍補《じほ》の高崎正風に寄せられたものである。

はつかりをまつとはなしにこの秋は
越路《こしぢ》のそらのながめられつつ

（原題「初雁ノ御歌」）

# 40　皇后の「初雁ノ御歌」

明治11年（1878）9月26日　赤坂仮皇居において皇后は、北陸を巡幸中の天皇をお偲びになった

## 41　グラント将軍とご懇談

明治十二年（一八七九）七月七日、天皇はアメリカ前大統領のグラント将軍を芝離宮の延遼館に招聘《しょうへい》し、午餐《ごさん》をともにせられた。将軍は世界周遊の旅で日本に滞在中であった。

八月十日、天皇は浜離宮の中島御茶屋に再びグラントを招き、我が国の直面している問題について、将軍の忌憚のない意見を聴取されている。七月の懇談の際、近日中に再会して意見の交換を願っている旨を天皇がお伝えになったことにより、この日の懇談が実現したのであった。将軍は、日本政府及び国民の懇切丁寧な接遇に感激し、議会開設や条約改正、あるいは教育問題などについて腹蔵のない意見を述べ、天皇は有益なる意見に耳を傾けられたという。

（原題「グラント将軍ト御対話」）

# 41 グラント将軍とご懇談

明治12年（1879）８月10日　東京の浜離宮の中島御茶屋において、天皇はグラント将軍より内外の諸問題について進言を受けられた

## 42　北海道札幌の屯田兵《とんでんへい》をご視察

明治十四年（一八八一）七月三十日から十月十一日の七十四日間にわたって、天皇は東北地方から北海道へ巡幸した。

天皇は、八月二十九日に青森に至り、青森港から北海道の小樽港へ船で渡り、九月一日に札幌において、屯田兵の農作業のようすや収穫した農産物等をご覧になっている。

これより先、北海道・樺太の開拓にあたることを目的として、開拓使が設置された。屯田兵は、開拓次官の黒田清隆の意見を容れて実施された制度で、八年に初めて東北地方の士族を募って、北海道石狩国の琴似《ことに》・山鼻村に居住させた。一定の田地と居宅を下賜された屯田兵は、家族を伴って移住し、平時は農作業に従事して、一旦緩急あれば武器を執ると定められていた。

（原題「北海道巡幸屯田兵御覧」）

42

# 北海道札幌の屯田兵をご視察

明治14年（1881）9月1日　北海道の札幌において、天皇は屯田兵の農作業を馬車からご覧になった

## 43　秋田の院内鉱山をご視察

明治十四年（一八八一）九月上旬、天皇は北海道の巡幸を終え、青森から秋田に入り、九月二十一日、院内村にある工部省管下の院内鉱山分局に到着された。工部大輔《たゆう》吉井友実《ともざね》の案内により鉱石採掘の道具や採掘機械の操作などを天覧ののち、採掘坑の入口に臨み、坑口を出入りする坑夫や捨石を運ぶ婦女子の状況をご覧になった。

院内鉱山は、銀の産出鉱として江戸時代の初めに掘削が開始され、当時においても国内有数の産出量を誇っていた。

（原題「山形秋田巡幸鉱山御覧」）

43

秋田の院内鉱山をご視察

明治14年（1881）９月21日　天皇は秋田県の院内鉱山を視察し、採掘の様子をご覧になった

## 44　貨幣制度の改良

明治四年（一八七一）に廃藩置県が実施されると、各藩で発行済みの紙幣は政府の負担となった。さらに、西南戦争による戦費の調達で政府は多数の紙幣を増刷したため、一時に大量の不換紙幣が流通し、紙幣価値が下落して物価が上昇する事態となった。

明治十四年十月、新たに大蔵卿《きょう》に補任《ぶにん》された松方正義《まさよし》は、紙幣価値を回復させるために流通量を減らすとともに、正貨を蓄積して兌換《だかん》紙幣発行の特権を専有する中央銀行を設置し、兌換制度を採用すべきことを提案した。

明治十五年、唯一の発券銀行である日本銀行が設立され、その後、銀を正貨とする兌換紙幣を発行するようになった。

（原題「兌換制度御治定」）

## 44 貨幣制度の改良

明治14年（1881）10月　大蔵卿の松方正義は兌換制度について天皇にご説明申し上げた

## 45　軍人勅諭を下賜

明治十五年（一八八二）一月四日、天皇は恒例の政始《まつりごとはじめ》の儀式を赤坂仮皇居の太政官《だじょうかん》において行い、ついで軍服を着用して、ふたたび太政官に出御し、陸軍卿《きょう》の大山巖《いわお》を召して陸海軍人に勅諭を授けられた。この日、海軍卿の川村純義《すみよし》は、事情により参内できず、陸軍卿が代わって勅諭を拝受したのである。

勅諭では、軍人の守るべき徳目として、忠節・礼儀・武勇・信義・質素の五箇条が掲げられ、それらの徳目を貫くものは「誠心」である、と天皇はお諭《さと》しになられた。

軍人勅諭は、陸海軍人の精神教育の基本となったのである。

（原題「軍人勅諭下賜」）

45

# 軍人勅諭を下賜

明治15年（1882）１月４日　天皇は、陸軍卿の大山巌に軍人の守るべき徳目などについて諭した軍人勅諭を下賜された

## 46　条約改正会議

江戸時代末に諸外国との間に結ばれた諸条約は、我が国にとって不利な内容であったため、その改正を図ることは明治日本の国家的課題の一つであった。岩倉具視を大使とする使節団などが不平等条約の改正に尽力したものの、既得権益を守ろうとする諸外国は容易に条約の改正に応じなかった。

外務卿の井上馨は、明治十五年（一八八二）四月五日に開催された第七回条約改正予備会議において、日本と欧米諸国が相互に和親を増進するためには、日本の全土を外国人に開放することが必要であると提案した。井上の提案は欧米諸国の賛同を得たが、国内的には反発を招いて容認されなかった。

その後、この方針に沿って条約改正の交渉が行われ、明治二十七年の日英通商航海条約締結により、一部の不平等条項が撤廃され、明治四十四年にはすべての不平等な条項が撤廃された。

不平等条約の改正は、明治時代のほぼすべてを費やす難事業であった。

（原題「条約改正会議」）

46

条約改正会議

明治15年（1882）４月５日　外務卿井上馨は、各国代表に日本の条約改正の方針を説明した

## 47　病床の岩倉具視をご慰問

明治十六年（一八八三）七月五日、岩倉具視がすでに病に冒されていることを聞いた天皇は、急遽岩倉邸を訪ね、具視を慰問された。同月十九日、具視の病が革《あらた》まるとの報に接した天皇は、いまだ鹵簿《ろぼ》も整わないうちに、慌ただしく馬車で宮門を出られたという。

病床にあった具視は家人に助けられて半身を起こし、寝具の上に袴を置いて礼装に代え、天皇が病室に入られると、合掌して迎えたと伝えられる。翌日、ついに具視は不帰の人となった。

岩倉具視は明治維新の立役者の一人として天皇の信任が篤かった。右大臣として政府の要職にありながら、常に天皇に仕えて、諸政の刷新・実行に大いに貢献し、天皇から股肱《ここう》の人と称されていた。

（原題「岩倉邸行幸」）

# 47 病床の岩倉具視をご慰問

明治16年（1883）7月19日　病床から起き上がることのできない岩倉具視は、合掌して天皇をお出迎えした

## 48　皇后、華族女学校の開校式に行啓

皇后（昭憲皇太后）は、早くから女子教育の大切さを説かれていた。

華族のために学校を設立するようにとのご内意を受けて、東京の四谷尾張町に華族女学校が設立され、明治十八年（一八八五）十一月十三日、皇后の行啓を仰いで開校の式典が挙げられた。下賜された令旨《りょうじ》には、女子は人の母となるべきものにして、その子を教え導く天賦の本分があるから、生徒は心して学び、教師もまたその心をもって教育にあたるように、と述べられている。

明治二十年三月十八日、皇后は「金剛石」と「水は器」の御《み》歌《うた》二首を同校に下賜せられ、いずれも旋律が付されて校歌となった。

（原題「華族女学校行啓」）

48

# 皇后、華族女学校の開校式に行啓

明治18年（1885）11月13日　皇后は華族女学校の開校式に臨み、校長の谷干城《たてき》の答辞を受けられた

## 49　皇后、東京慈恵医院に行啓

明治十五年（一八八二）、イギリス留学から帰国した海軍軍医高木兼寛《かねひろ》の主唱により、有志共立東京病院が設立され、皇后（昭憲皇太后）は病院を運営する組織の総裁として慈善救済に努められた。

明治二十年四月、病院名が東京慈恵医院と改称され、五月九日、皇后は開院式に行啓して、病院の繁栄を念願する、とのおことばを関係者に賜わり、各病室を巡回して病人を励まされている。

東京慈恵医院への皇后の行啓は、毎年のように行われ、合わせて二十五回に及んだ。毎年、御手許金《おてもときん》より多額の下賜があったほか、年少者には玩具菓子の類が、冬期の患者には被服が下賜された。

（原題「東京慈恵医院行啓」）

# 49 皇后、東京慈恵医院に行啓

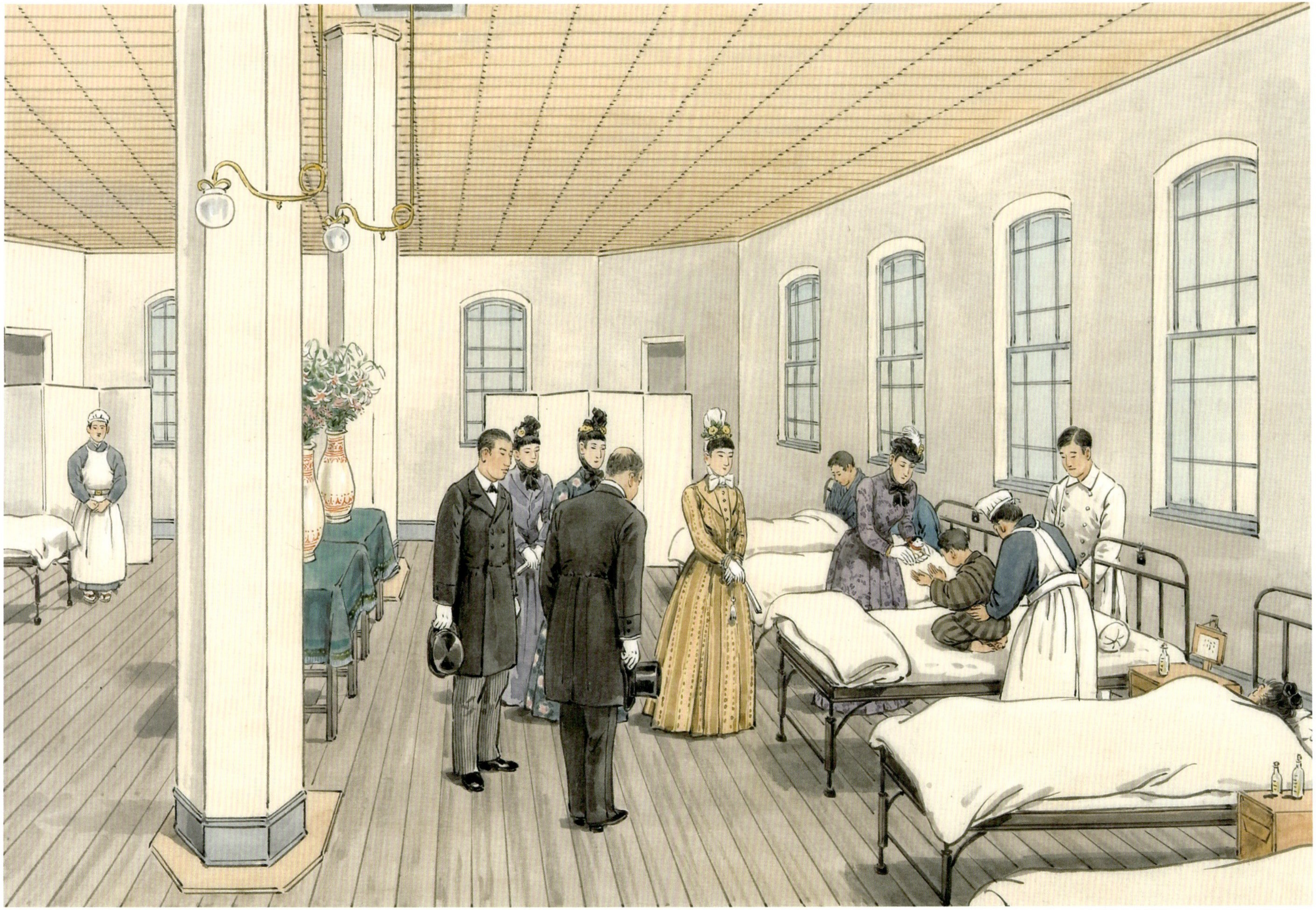

明治20年（1887）5月9日　皇后は東京慈恵医院の開院式に行啓し、各病室を巡回された

# 第三部

天皇は、国家の根幹に関わる憲法の草案などを審議するために天皇の最高諮問機関である枢密院を設置し、その会議に臨席し、会議を通じて立憲君主制についての理解を深められた。そして、早くからの念願であった憲法の発布式を迎えたのである。また、帝国議会を開会し、その開院式に臨まれている。この時期、まさに近代国家の体制が整えられつつあった。さらに天皇は教育勅語を下賜し、改めて国民道徳の在り方を示されたのである。清国との戦争では、立憲君主制に基づく天皇としての立場から、国家の舵取り役であることを自覚し、御自ら先頭に立たれた。

## 50 枢密院の憲法会議にご臨席

明治二十一年（一八八八）六月十八日、天皇は、四月に諮問機関として設置された枢密院に憲法案を諮問された。

これより先、明治十四年の政変後に天皇は、明治二十三年を期して国会を開設するとの詔を発するとともに、憲法案の制定を伊藤博文に命じられた。伊藤は欧州、特にプロイセンの憲法学者グナイストのもとで立憲君主制などにつき調査研究を行った。帰国後、憲法の草案作成に与《あずか》り、天皇は成立した草案を枢密院に諮詢《しじゅん》されたのである。

伊藤博文が初代枢密院議長に就任し、枢密院の構成員として枢密顧問官が任命された。五月八日に枢密院の開院式が行われ、まず皇室典範草案の審議が開始され、引き続いて憲法草案及び関連法案の審議が行われている。会議は天皇の臨御のもとに進められ、天皇が会議に欠席されたのは、わずかに一日のみであったという。また、疑問が生じると、天皇は伊藤を御座所に召し、疑問とする箇所の確認を行われている。

（原題「枢密院憲法会議」）

50

# 枢密院の憲法会議にご臨席

明治21年（1888）5月8日～12月17日　天皇の諮問を受けた枢密院では、皇室典範や憲法の草案が審議された

## 51　憲法発布式

明治二十二年（一八八九）二月十一日の紀元節、大日本帝国憲法（明治憲法）の発布式が新たに竣功した宮殿（明治宮殿）の正殿で行われた。

これに先立ち、天皇は、皇族・大臣以下を引率して宮中三殿（賢所《かしこどころ》・皇霊殿《こうれいでん》・神殿《しんでん》）を拝し、憲法発布ならびに皇室典範の成立を奉告されている。

憲法発布式では内大臣の三条実美《さねとみ》が憲法を天皇に奉呈した。天皇は不磨の大典たる憲法の精神を理解し、ますます我が国民の統合を図るべしとの勅語を下賜された。ついで総理大臣の黒田清隆が御前に参進して憲法を拝受し、ここに儀式は終了した。

発布された憲法は、明治二十三年十一月二十九日、帝国議会の開院式当日に施行された。

（原題「憲法発布式」）

51

憲法発布式

明治22年（1889）２月11日　天皇は内閣総理大臣の黒田清隆に憲法を授けられた

## 52　憲法発布式後の観兵式にご出発

明治二十二年（一八八九）二月十一日、憲法発布の式典が終了すると、天皇は皇后（昭憲皇太后）と同乗して青山練兵場における陸海軍の合同観兵式に臨御された。両陛下の馬車が皇居の桜田門を出ると、憲法発布を祝う市民らが列をなし、なかには「奉祝　憲法発布大典」「宝祚《ほうそ》無窮」などの幡《はた》を立てて行幸啓を奉迎する者もあった。

翌十二日、上野公園で開催の東京市民の奉祝会に天皇・皇后両陛下が行幸啓した。公園内の会場や往還の沿道には、この盛儀を一目見ようと東京市民はもとより地方から上京の人々も、歓呼の声を上げていたという。

（原題「憲法発布式観兵式行幸啓」）

# 52 憲法発布式後の観兵式にご出発

明治22年（1889）２月11日　馬車に乗られた天皇と皇后は、青山練兵場で行われる観兵式に向かうため、桜田門よりお出ましになった

## 53　新宮殿での歌御会始《うたごかいはじめ》

明治二十三年（一八九〇）一月十八日、新宮殿鳳凰《ほうおう》の間《ま》において、歌御会始が行われた。

宮中の歌会は天皇・皇后以下、皇族・公家らに限られていたが、明治維新以降、次第に庶民の参加が許されるようになった。明治七年の歌御会始では、国民からの詠進を各道府県が受け、八年からは宮内省に直接詠進できるようになった。その際、それらの詠進歌の中から、特に勝れたものを採録して天覧に供していたが、十二年には、五首の預選歌《よせんか》が歌御会始で被講《ひこう》されることとなった。国民からの詠進歌の提出は年々増加した。なお、明治二十三年は、前年に憲法が発布されていたことから、憲法に関わる歌の詠進が多い。

（原題「歌御会始」）

53

新宮殿での歌御会始

明治23年（1890）1月18日　前年に竣功した新宮殿（明治宮殿）の鳳凰の間において歌御会始が行われた

## 54 陸海軍大演習をご統監

明治二十三年（一八九〇）三月二十八日、天皇は愛知県三河地方での陸海軍大演習をご統監のために愛知県に行幸し、知多半島の武豊港《たけとよこう》で御召艦《おめしかん》「八重山」に乗艦された。当初、上陸して半田町に宿泊の予定であったが、風雨が激しく翌日の海軍統監の便宜を考慮して、御召艦に乗艦のまま、天皇は武豊港に宿泊された。三十日、天皇は三重県鳥羽海上で海軍演習を統監し、終始御召艦の甲板に立って演習をご覧になった。

三十一日、愛知県乙川《おっかわ》及び雁宿山《かりやどやま》において陸軍大演習が行われた。この日も風雨が激しく、天皇は愛馬の「金華山」号にまたがって雨中で統監された。下馬後もしばらく雨中に留まり、なお数十分間、統監を続けられたという。四月一日と二日も陸軍大演習を統監された。それまでの天候とは打って変わり、両日とも天気晴朗のなか、大いに演習の成果があがったという。

天皇が陸海軍統合の大演習を統監したのは、今回が初めてであった。

（原題「陸海軍大演習御統監」）

54

# 陸海軍大演習をご統監

明治23年（1890）３月31日　天皇が初めて統監された陸海軍連合大演習は、大雨のなか愛知県半田町の雁宿山などで行われた

## 55　教育勅語を下賜

明治二十三年（一八九〇）十月三十日、教育に関する勅語（教育勅語）が下賜された。知識を開き、芸術に長じても、身を修め、徳を樹つるをおろそかにするのは教育の大旨に背くものとし、早くから天皇は勅諭をもって教育の大本を示そうとされたのである。法制局長官の井上毅《こわし》が草案を起草し、侍講の元田永孚《ながざね》の協力を得て完成稿を作り上げ、最終的に天皇の裁可を得たものが教育勅語である。

勅語の内容については、宗教間の対立を引き起こすことのないよう、あるいは哲学理論を駆使したり、政治的な文言を用いたりすることがないよう、入念に推敲が繰り返されている。また、これまでの勅語の末尾には内閣諸大臣の署名があるが、教育勅語にはそれらの署名がない。政治上の命令ではなく、天皇の著作として教育勅語は位置づけられたのである。教育勅語は、天皇が直接国民にお示しされたものであった。

この日、天皇は風邪気味であったため、総理大臣の山県有朋《ありとも》および文部大臣の芳川顕正《あきまさ》を内廷に召し、直接、教育勅語を顕正に下賜された。

（原題「教育勅語下賜」）

55

教育勅語を下賜

明治23年（1890）10月30日　天皇は御仮床に内閣総理大臣の山県有朋と文部大臣の芳川顕正を召し、教育勅語を下賜された

## 56　帝国議会の開院式にご臨席

明治二十三年（一八九〇）十一月二十九日、天皇は貴族院に行幸して、第一回帝国議会の開院式に臨まれた。議場には、貴族院議員と衆議院議員が参列している。

政府は、明治十四年の政変に際し、十年後の国会開設を約束したが、大日本帝国憲法の制定により、いよいよその時が到来したのである。

この日、天皇は、総理大臣黒田清隆から受けた勅語書を朗読し、ついで貴族院議長伊藤博文に授けられた。十二月一日、伊藤議長は衆議院議長中島信行とともに宮中に参内し、それぞれに奉答書を捧呈し、勅語を賜わっている。なお、以後の議会の開院式はこの形式に従って行われた。

（原題「帝国議会開院式臨御」）

56

帝国議会の開院式にご臨席

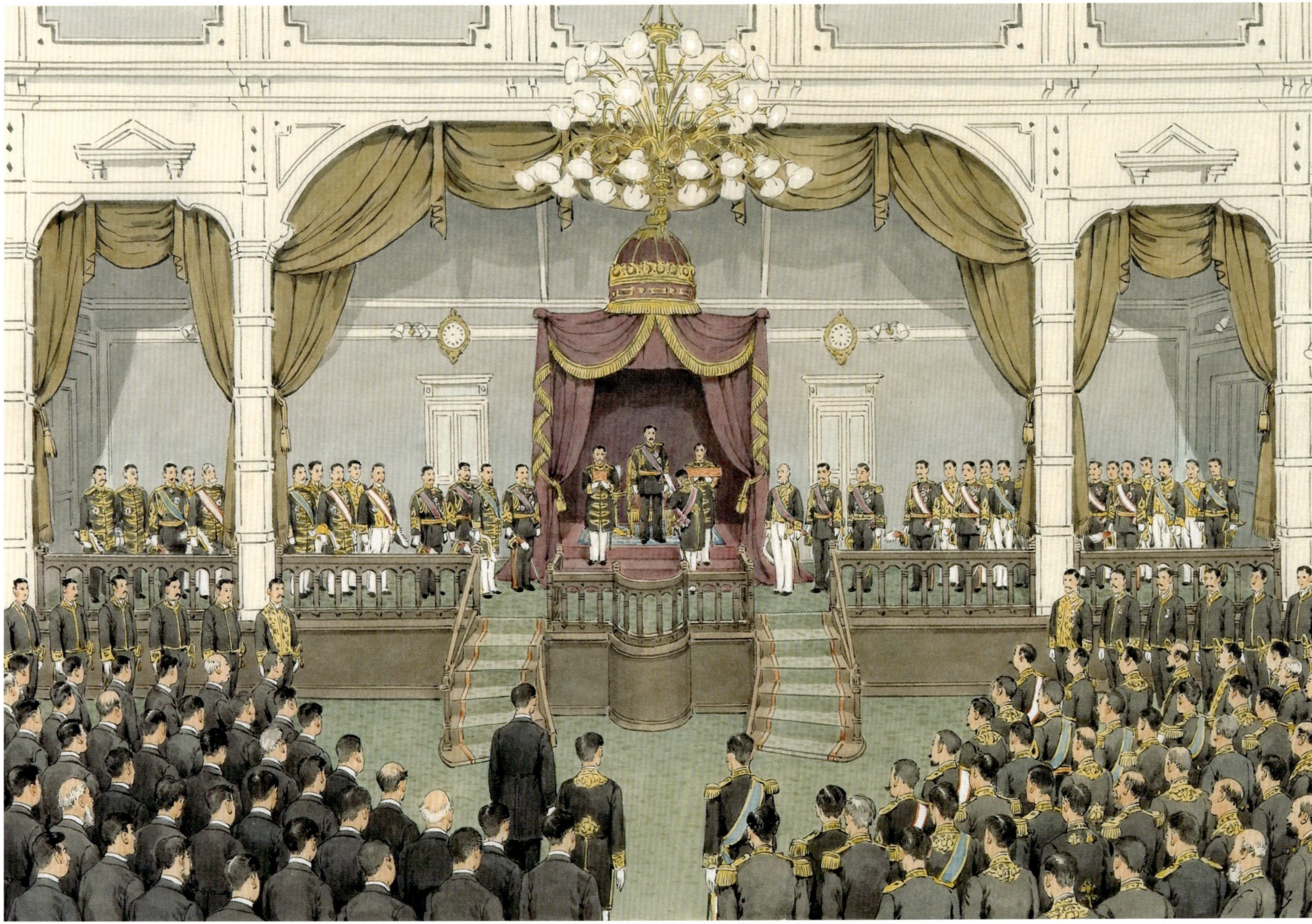

明治23年（1890）11月29日　第１回帝国議会開院式にあたり、天皇は貴族院議長の伊藤博文に勅語を下賜された

## 57 ご結婚二十五年の祝典（銀婚式）

明治二十七年（一八九四）三月九日、天皇と皇后（昭憲皇太后）のご結婚二十五年の祝典が宮中で盛大に行われた。古来、日本ではかかる風習はなかったが、欧州の銀婚式の風習を取り入れて催された。

天皇は、皇后とともに宮中鳳凰《ほうおう》の間に出御し、皇族・大臣をはじめ内外の群臣らの拝賀を受けた。その後、天皇と皇后は同車にて青山練兵場に行幸啓し、陸海軍の観兵式に臨まれた。終了後、宮中豊明殿において宴会を催し、さらに正殿において舞楽をご覧になられている。

（原題「大婚二十五年祝典」）

## 57 ご結婚二十五年の祝典（銀婚式）

明治27年（1894）３月９日　ご結婚25年の祝典に際し、宮中正殿で天皇と皇后は舞楽をご覧になった

## 58 日清戦争 平壌の戦

明治二十七年（一八九四）九月十五日から十六日にかけて、日本軍は清国軍を朝鮮の平壌《へいじょう》において撃破し、その後も各地で両国の戦闘が行われた。

朝鮮半島では、清国の宗主権《そうしゅけん》の廃棄問題や反封建・反侵略を旗印にした農民闘争が勃発していた。明治二十七年五月、朝鮮の民間信仰団体が地方官の暴政に対して反乱を起こした（東学党の乱）。清国軍に続いて日本軍も出兵して事件は鎮圧されたが、日清両国が共同で朝鮮の国内改革を行うとの日本の提案を清が拒否し、この機会に清の勢力を朝鮮から一掃するために、戦闘が始まった。

七月末、朝鮮半島西岸の豊島沖《ほうとうおき》において日清両国の艦隊が遭遇し、ここに日清戦争の火蓋が切られ、八月一日、ついに日本は清国に対し宣戦布告した。平壌の戦いは、宣戦布告後、最初の大規模な戦闘であった。

（原題「日清役平壌戦」）

58

# 日清戦争 平壌の戦

明治27年（1894）９月15日～16日　日清戦争の勃発直後、朝鮮の平壌において日本軍は清国軍を撃破した

## 59　日清戦争　黄海海戦

明治二十七年（一八九四）九月十七日、伊東祐亨《すけゆき》司令長官の率いる連合艦隊は、朝鮮の西に広がる黄海《こうかい》洋上において、清国海軍の精鋭で定遠・鎮遠を中心とする北洋艦隊に遭遇し、勝利を収めた。

黄海海戦の勝利により、日本は朝鮮国近海はもとより、清国沿岸の海上制海権をも掌握することが出来た。また、海上での物資の輸送が容易になるとともに、陸軍は後顧《こうこ》の憂いなく作戦を展開することが出来るようになったのである。

（原題「日清役黄海海戦」）

59

日清戦争　黄海海戦

明治27年（1894）９月17日　清国艦隊と黄海で戦って勝利を収めた日本の連合艦隊は、その後の制海権を握ることができた

## 60　広島大本営で軍務をご統裁

朝鮮をめぐる日清両国の対立に際し、平和的な問題解決を願っていた天皇は、日清間の戦争の突入に消極的であられた。しかし、開戦後、天皇は戦争の総合的判断を下す大本営を広島第五師団司令部に設置し、明治二十七年（一八九四）九月から翌年四月まで、この大本営において指揮を取られることとなった。

大本営が設置された師団司令部は、木造二階建で、天皇は二階の一室を御座所にあてられた。天皇は、政務はもとより、食事も睡眠もその一部屋で済まされ、冬の最中であってもストーブの設置を許可されなかった。天皇は戦地と同じような環境を望まれたのである。また、戦況に関する情報が深夜に届くと、天皇は直ちに起居して報告を聞き、適切な指示を下された。

（原題「広島大本営軍務親裁」）

# 60 広島大本営で軍務をご統裁

明治27年（1894）9月15日～28年（1895）4月27日　7ヶ月以上にわたり天皇は広島の大本営で執務を取られた。執務室は食堂や寝所を兼ねた質素な部屋であった

## 61　皇后、広島予備病院に行啓

日清戦争が始まるや、皇后（昭憲皇太后）は出征兵士の上に御心を注がれた。

明治二十八年（一八九五）三月十七日、皇后は大本営のある広島に行啓し、二十二日から二十八日の間、陸軍予備病院および呉の海軍病院の病室を巡回して、戦病者を慰問された。病室を巡回するにあたり皇后は、士官・下士官・人夫の区別なく等しく慰問されている。また、負傷した兵士のために自ら包帯を製作し、義手や義足を下賜されるなど、傷病兵たちは皇后を国母《こくぼ》陛下として深く仰いだのである。

（原題「広島予備病院行啓」）

# 61 皇后、広島予備病院に行啓

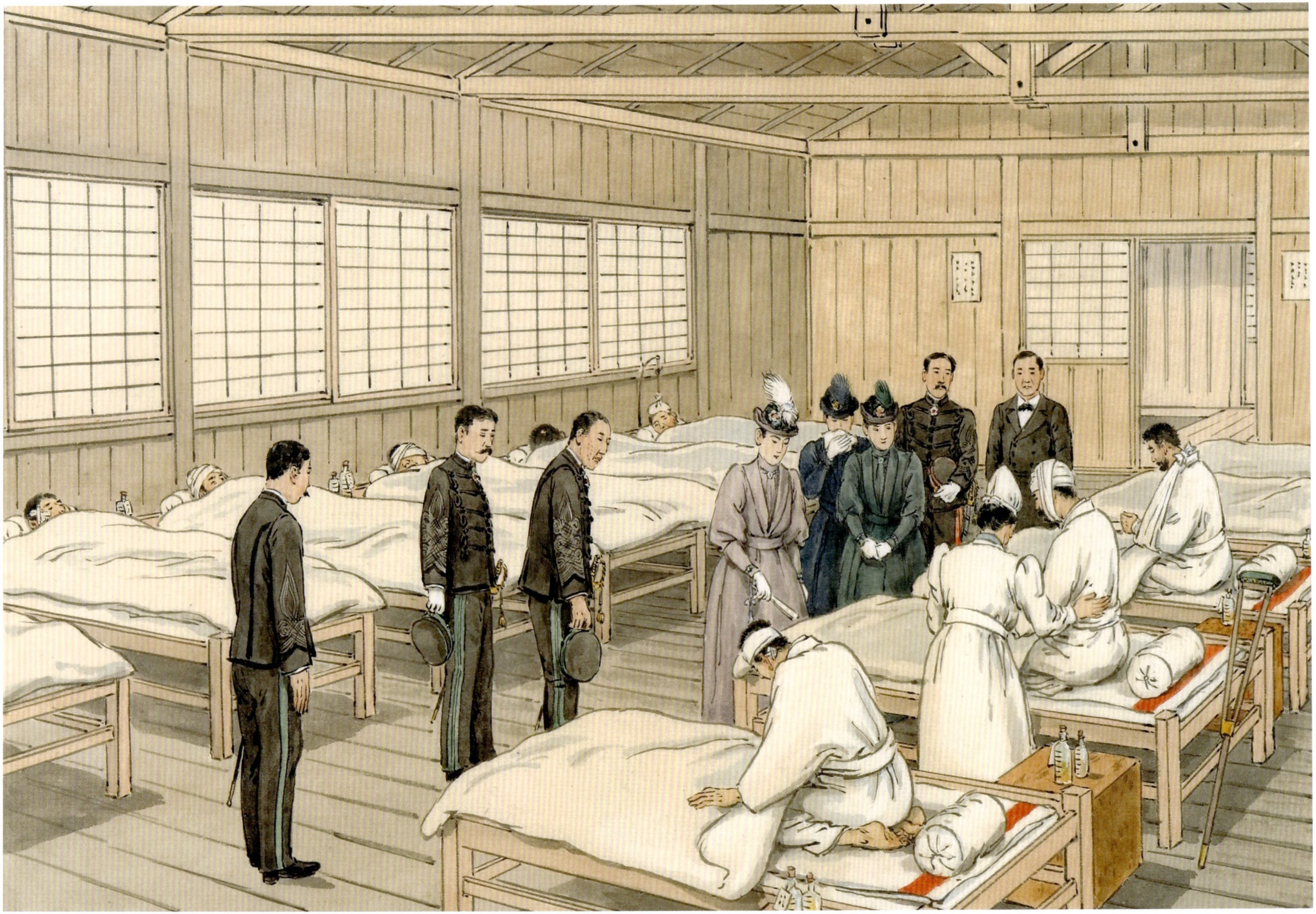

明治28年（1895）３月22日　皇后は広島の陸軍予備病院の病室を巡回し、傷病兵を慰問された

## 62　日清戦争講和会議

明治二十八年（一八九五）二月、東京駐在のアメリカ特命全権公使エドウィン・ダンの仲介を受け、清国から我が国に講和の申し入れがあった。これを我が国も受け入れ、下関の春帆楼《しゅんぱんろう》において日清両国代表が講和条件について交渉した。

日本側代表は全権弁理大臣の伊藤博文内閣総理大臣と陸奥宗光外務大臣、清国からは全権大臣の李鴻章と参議官李経方らで、三月二十日から四月十七日まで両国代表は審議を重ね、最終日に講和条約に調印した。翌日、天皇は広島の大本営においてこれを批准《ひじゅん》した。

（原題「下関媾和談判」）

62

# 日清戦争講和会議

明治28年（1895）３月20日～４月17日　山口県の下関において、日清両国の代表は審議を重ね、４月17日、講和条約に調印した

## 63　台湾の鎮定

下関講和条約に基づき、台湾は日本の統治下に置かれることとなった。しかし、これに台湾の民衆らが反発し、共和国の建設を標榜《ひょうぼう》した。

明治二十八年（一八九五）四月二十九日、近衛師団長の北白川宮能久《よしひさ》親王は、台湾駐屯《ちゅうとん》を命ぜられた近衛師団第一輸送隊を率いて台湾に上陸し、台北を目指して進軍した。三貂湾《さんちょうわん》に上陸後、北上して基隆から台北に到達し、この間、新竹・彰化・嘉義などで激戦を繰り広げて日本軍が勝利を収めている。そして、さらに南下しようとする中で、親王がマラリアに冒され、十月二十七日、薨去された。

（原題「台湾征討彰化附近戦」）

# 63　台湾の鎮定

明治28年（1895）８月24日～28日　日本軍は台湾北西部の新竹、中部の彰化などを陥落させて進軍したが、全土の制圧には時間を要した

## 64　靖國神社にご参拝

明治二十八年（一八九五）十二月十七日、日清戦争の戦死者を合祀《ごうし》する靖國神社の臨時大祭に、明治天皇が行幸した。

明治二年、明治維新に際して国事に殉じた人たちの霊を慰めるために、天皇の思し召しによって、東京に招魂社《しょうこんしゃ》が創建され、十二年に社名を靖國神社と改めて別格官幣社となった。七年一月、天皇は初めて同社に行幸し、ご在世中に七度ご親拝になった。

（原題「靖國神社行幸」）

64

## 靖國神社にご参拝

明治28年（1895）12月17日　日清戦争での戦死者を合祀する靖國神社の臨時大祭に天皇が行幸した

## 65　日清戦争の記念陳列庫（振天府《しんてんふ》）

日清戦争が始まって以降、戦地から帰還した将兵は、様々な兵器をはじめとする品々を持ち帰って皇室に献上した。そこで、それらを収納するために、皇居吹上御苑《ふきあげぎょえん》の一隅に陳列庫が建てられることとなった。

明治二十八年（一八九五）十月に造営が始まり、翌二十九年九月に竣功した。名付けて振天府という。振天府には、戦死者の功績を称えるため将校以上については写真が、下士官以下については名簿が保存された。

その後、北清事変後に懐遠府が、日露戦争後に建安府がいずれも振天府近くに設けられた。

（原題「振天府」）

65

日清戦争の記念陳列庫（振天府）

明治29年（1896）９月　お濠端沿いに設けられた振天府の建物には、日清戦争で捕獲した兵器などが収蔵された

# 第四部

ロシアとの間に戦争が勃発した。当初、ロシアが有利と見られていたが、旅順要塞の攻防戦、奉天の会戦、日本海海戦などで日本は勝利を収めて講和に漕ぎ着け、世界の列強と肩を並べるに至った。日本が近代化を進め、国際的地位を大いに高めた明治時代は、明治天皇の崩御によってその幕を閉じた。天皇はそのご生涯を通じて、常に国家国民の安寧を祈られ、御心を悩まし続けられた。

## 66　日英同盟の成立

明治三十五年（一九〇二）二月十二日、日英同盟協約の締結が貴族院および衆議院において発表された。

日清戦争の終結後、東アジアの情勢は混沌として、日本はロシアと提携を進めるべきか、あるいはイギリスと関係強化を図るべきであるかなどにつき、様々な意見があった。総理大臣の桂太郎は外務大臣の小村寿太郎とともに、日英が同盟を結ぶことを妥当とする方向で閣議決定し、また元老《げんろう》会議に諮って日英同盟の締結交渉を進めようとした。

しかし、当時、ロシアに滞在中で元老の一人でもあった伊藤博文は日露協商の締結を先行すべしとの立場から、日英同盟に関する問題点を指摘したため、桂首相はその問題点を奏上した。天皇はすでに閣議決定をした後ではもはや日露の間で交渉に入ることは難しいが、いま一度元老に再聴取するように、と桂首相に指示された。元老たちは再度、日英同盟を可とした。

かくして駐英大使が交渉を進め、明治三十五年一月三十日、ロンドンにおいて日英同盟協約案に調印するに至った。

（原題「日英同盟」）

66

日英同盟の成立

明治35年（1902）２月12日　内閣総理大臣の桂太郎は、貴族院において日英同盟協約の条文を発表した

## 67　皇后、赤十字社総会に行啓

明治三十五年（一九〇二）十月二十一日、皇后（昭憲皇太后）は上野公園で行われた日本赤十字社の第十一回総会へ行啓され、令旨《りょうじ》を下賜された。

そもそも日本赤十字社は、明治十年の西南戦争の際、元老院議官の佐野常民《つねたみ》らが博愛社を創設して、敵味方の区別なく負傷した人を救済したのが始まりで、同十六年より、皇后は博愛社に毎年多額の資金を下賜されるようになった。明治十九年、博愛社は万国赤十字社に加盟して日本赤十字社と改称し、国際的活動を行うこととなった。同二十二年には第一回総会を開いた。

明治三十五年、第十一回目の総会を開くとともに、博愛社の創設から二十五年を迎えることから祝典が催されたのである。

明治四十五年、アメリカのワシントンで開かれた第九回万国赤十字社総会に際して、平時の救護事業を奨励するため、皇后から多額の寄附が行われた。現在の貨幣価値に換算すると、約三億五千万円にも達する大金であった。

皇后からのご下賜金は、のちに「昭憲皇太后基金」と命名され、天災や人災・疫病・貧困対策などの援助基金として、今も毎年その利息が世界各国の赤十字社・赤新月社連盟を通じて配分されている。

（原題「赤十字社総会行啓」）

67

# 皇后、赤十字社総会に行啓

明治35年（1902）10月21日　上野公園の特設会場において、皇后の行啓を仰いで第11回赤十字社総会と創立25年記念祝典が開催された

## 68　日露戦争 宣戦の御前会議

日清戦争後の三国干渉に際し、日本は、一旦手に入れていた遼東半島の支配権を清国に還付したが、ロシアは清国から大連・旅順を租借し、また義和団事件の鎮定を口実に満州に大軍を派遣したことから、日露関係は急速に悪化した。政府は事態の沈静化に努め、天皇はあくまでも平和的解決を願われたが、ロシアは強硬な姿勢を改めようとしなかった。

もはや平和的解決の道はないと判断した政府は、ついに御前会議を奏請した。明治三十七年（一九〇四）二月四日、天皇は、総理大臣以下の関係閣僚と元老をそれぞれ五名ずつ宮中に召して対策を講じられた。参列者はいずれも、日露両国の決裂は不可避であり、ロシアに対して宣戦布告すべき、との意見であった。それでも天皇は、平和的解決の道を模索したが、ついに政府の方針を諒《りょう》とされた。

つぎの御製は、当時の天皇のご心境をよく伝えているものである。

よもの海みなはらからと思ふ世に
など波風のたちさわぐらむ

（原題「対露宣戦御前会議」）

68

日露戦争 宣戦の御前会議

明治37年（1904）２月４日　宮中の御座所における御前会議で対露宣戦布告が決定された

## 69　日露戦争 水師営会見で旅順を開城

日露両国は、旅順・大連・奉天などを中心にそれぞれ大軍を投入し激しく戦い、互いに一歩も引く構えを見せなかった。ことに旅順港はロシア艦船の根拠地であり、その背後の丘陵は天然の要塞で、ロシア軍は人工の堡塁《ほうるい》を掘り、砲台を据えるなど、難攻不落の陣地を築いていた。数回に及ぶ日本軍の総攻撃はいずれも失敗に終わった。

明治三十七年（一九〇四）十一月下旬より、日本軍は攻撃目標を変更して総攻撃を仕掛け、翌年一月一日、ついにロシアは旅順口の要塞を開城し、二日には両国代表が水師営《すいしえい》に会して開城規約に調印した。この時、ロシア代表のステッセル将軍が日本側の代表を務めた第三軍司令官の乃木希典《のぎまれすけ》に愛馬を贈ったことは人口に膾炙《かいしゃ》している。

（原題「日露戦役旅順開城　水師営会見」）

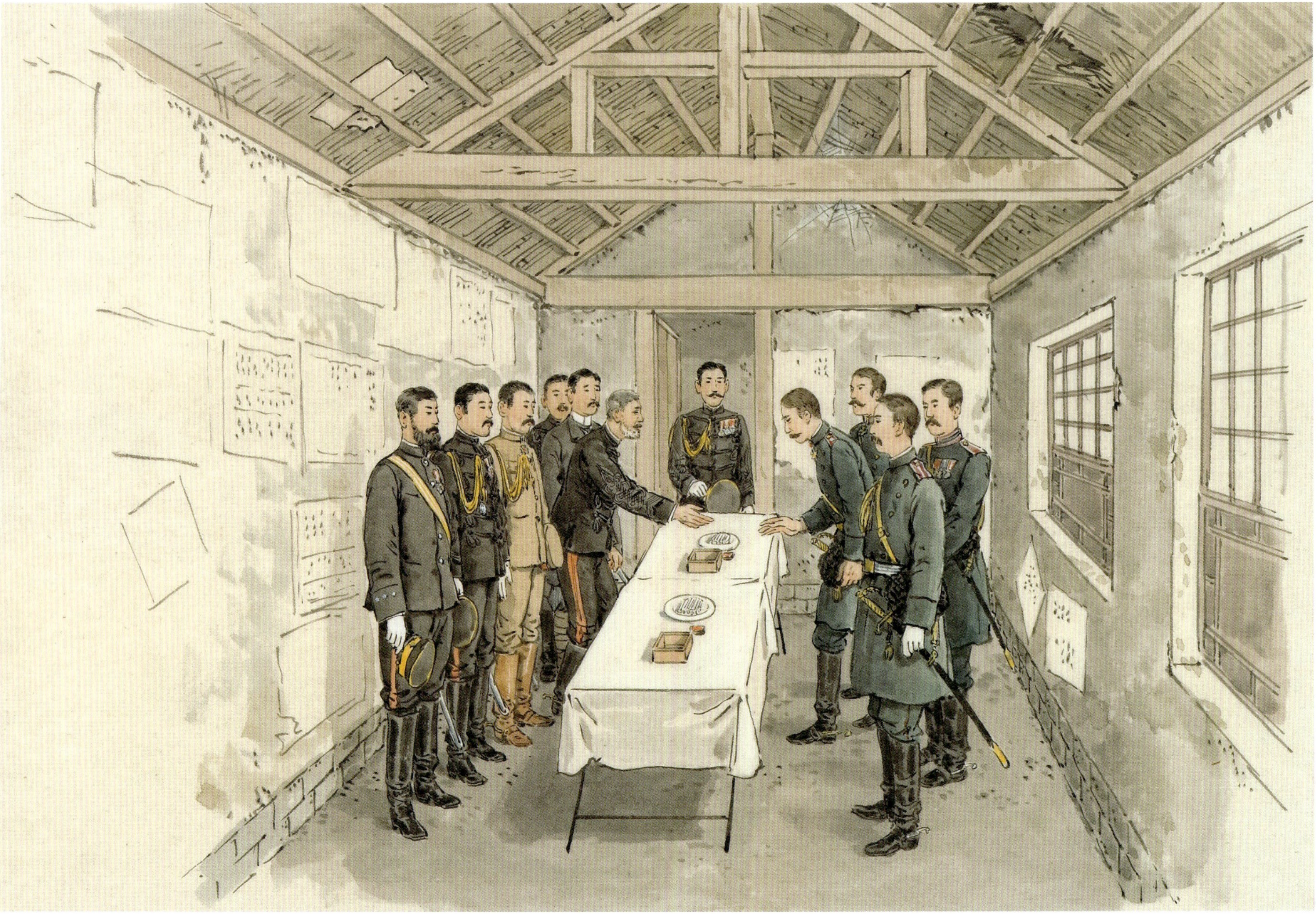

# 69
# 日露戦争　水師営会見で旅順を開城

明治38年（1905）１月２日　旅順郊外の水師営において、第三軍司令官の乃木希典と旅順の要塞司令官のステッセルが開城規約に調印した

## 70　日露戦争　奉天入城

旅順口の開城を受け、満州軍総司令官の大山巌《いわお》は、満州各地に散在していた第一軍から第四軍司令官に命じて、奉天の近郊に部隊を集結させた。

明治三十八年（一九〇五）三月一日、日本軍は総攻撃を開始し、日露戦争最大の攻防と言われる戦闘が、奉天城を中心に繰り広げられた。日本軍二十五万人、ロシア軍四十万人と伝えられている。戦闘は日本軍の勝利に帰し、三月十五日、大山総司令官は総参謀長の児玉源太郎以下の幕僚を率いて奉天に入城した。

（原題「日露役奉天入城」）

70 日露戦争 奉天入城

明治38年（1905）3月15日　満州軍総司令官の大山巌は、幕僚を随えて奉天に入城した

## 71　日露戦争　日本海海戦

先に旅順口を開城させ、奉天城に入城したことにより、陸上部隊は、ほぼロシア軍を制圧した。

一方、海上部隊については、明治三十七年（一九〇四）八月の黄海海戦で日本の連合艦隊がロシアの東洋艦隊を撃破したものの、依然としてロシアの大艦隊は健在であった。

明治三十八年五月二十七日、はるばるヨーロッパから回航してきたロシアのバルチック艦隊三十八隻が対馬海峡に迫るとの報を受け、連合艦隊司令長官の東郷平八郎は、迎撃《げいげき》態勢を取った。海戦の期が到来するや、東郷は旗艦「三笠」のマストの上に、「皇国の興廃此《こ》の一戦に在り、各員一層奮励努力せよ」との信号旗（Z旗）を掲げ、連合艦隊の士気を鼓舞したのであった。

両軍の激闘は数時間に及び、ついにロシア艦隊は隊列を乱して四分五裂の状態となった。日没とともに連合艦隊は夜襲を仕掛けてロシア艦船を撃沈あるいは捕獲した。

日本は日本海海戦に大勝利し、制海権を握ることになった。

（原題「日露役日本海海戦」）

71

日露戦争 日本海海戦

明治38年（1905）５月27日～28日　東郷平八郎が率いる連合艦隊は、ロシアのバルチック艦隊を撃破した

## 72　日露戦争講和会議

日露戦争において、極東での拠点については、陸海軍ともにロシア軍が敗北したが、戦地は広く、最終決着には到らなかった。

日露両国は大きな経済的な負担を抱え、戦争以外の方法で解決の道を探り始めていた。その状況を察したアメリカ大統領ルーズベルトは両国に仲介の労を執り、米国のポーツマスにおいて講和会議を行うことを提案したところ、両国政府はその勧告を受け入れ、講和条約の締結に向けて交渉を開始した。

日本は、外務大臣の小村寿太郎および駐米特命全権公使の高平《たかひら》小五郎を全権委員に任じ、ロシアは、内閣議長セイゲル・ウィッテおよび駐米特命全権大使ローマン・ローゼンを委員として交渉に当たらせた。交渉は、明治三十八年（一九〇五）八月十日から九月五日に及び、最終日に両国代表が講和条約に調印した。

十月四日、天皇は講和条約を枢密院に諮問され、枢密院が批准《ひじゅん》に賛意を表したことを受け、十四日、天皇は諮問に基づいて講和条約を批准された。

（原題「ポーツマス媾和談判」）

72

# 日露戦争講和会議

明治38年（1905）9月5日　米国のポーツマスで日露両国の代表が講和条約に調印した

## 73　日露戦争 凱旋観艦式

明治三十八年（一九〇五）十月二十三日、横浜沖において、日露戦争で活躍した連合艦隊の観艦式が行われた。

天皇は、海軍軍服を着して横浜港より御召艦《おめしかん》「浅間」に乗艦し、横浜沖の観艦式場に臨まれた。参列の艦艇は、御召艦並びに供奉艦《ぐぶかん》など百六十五隻で、イギリス東洋艦隊やアメリカ合衆国軍艦なども参加した。

御召艦が諸艦の前を通過する際、天皇は、連合艦隊司令長官東郷平八郎から、各艦艇の履歴、戦闘当時の状況、艦艇長以上の官・氏名の奏上を聞し召された。この後、天皇は、艦隊司令官以下、艦艇の幹部等を御召艦に召し、勅語を下賜して艦隊各員の尽力をねぎらわれた。

（原題「凱旋観艦式」）

# 73 日露戦争 凱旋観艦式

明治38年（1905）10月23日　御召艦「浅間」に乗艦した天皇は、横浜沖に凱旋した海軍の軍艦を親閲《しんえつ》された

## 74　日露戦争 凱旋観兵式

明治三十九年（一九〇六）四月三十日、天皇は、東京の青山練兵場に行幸し、日露戦争で活躍した陸軍の凱旋観兵式に臨まれた。元満州軍総司令部、元第一軍・第二軍・第三軍・第四軍および鴨緑江《おうりょっこう》軍の司令部以下、全国の各部隊から兵士が参列し、総勢三万余人に達した。

兵士たちが隊伍を組んで天皇の御前に差し掛かると、元満州軍総司令官の大山巌《いわお》が各師団長以下の軍歴などを紹介した。

天皇は勅語を賜わって、兵士たちの奮闘をねぎらわれた。

（原題「凱旋観兵式」）

74

# 日露戦争　凱旋観兵式

明治39年（1906）４月30日　東京の青山練兵場において、天皇は陸軍の凱旋観兵式を親閲された

## 75　樺太の日露国境を画定

日露講和条約第九条および追加約款《やっかん》第二条により、日露両国は樺太島の北緯五十度をもって境界とし、境界の南を日本領、北をロシア領とすることに合意した。そして、具体的に境界を標示する必要から、両国はそれぞれに樺太境界画定委員を定めて現地に派遣した。明治三十九年（一九〇六）六月中旬より以降、日露両国委員は境界画定のための会合を重ね、四十年十月に実地測量が完了した。

明治四十一年四月十日、両国代表はウラジオストックにおいて境界画定書に調印した。八月六日、両国政府はこれを承認し、九月十日に外交文書として公表した。

（原題「樺太国境画定」）

# 75 樺太の日露国境を画定

明治40年（1907）10月　樺太島の北緯50度線が日露間の国境となり、境界標が設置された

## 76　観菊会に行幸啓

明治十三年（一八八〇）十一月、赤坂仮皇居において最初の観菊会が催され、翌年四月には吹上御苑で最初の観桜会が開かれた。両会とも天皇が内外の要人を招待し、春秋のひとときを国際親善に役立てようとするもので、欧州の園遊会に倣って開催された。当初、招待者は皇族・大臣・政府高官・外交官らに限られていたが、次第に実業家や戦地より帰還の軍人らも招待されるなど、範囲が拡大されていった。

陸軍大演習の統監のため、久しく秋の観菊会に天皇のご臨席はなかったが、明治四十二年十一月十九日の観菊会には、天皇は皇后（昭憲皇太后）とともに出御し、赤坂離宮のあちこちに設けられた立食所において、各国大公使などと歓談し、ひとときの懇談を愉しまれた。

（原題「観菊会」）

76

# 観菊会に行幸啓

明治42年（1909）11月19日　天皇は皇后や皇族とともに赤坂離宮の菊花をご覧になった

## 77　日韓合邦

古来、日韓両国は一衣帯水《いちいたいすい》の地にあり、時には兵戈《へいか》を交えたこともあるが、文化・文物・政治制度などを共有し、あるいは人的な交流が続いていたことによって両国の関係は深く、他の諸外国とは事情を異にしていた。

明治維新後、近代化を進める中で日韓両国はいずれも近隣諸国の圧力を被ることがあり、互いに援助することもあった。日清・日露両戦争の要因として、清国やロシアが韓国内に利権を求めて侵攻しようとしたことに日本が対抗した、という側面が強かった。

日露戦争後、韓国内部の混乱もあって、日本は韓国内に統監府を設置し、明治四十三年（一九一〇）八月二十二日には、当時の韓国政府の同意を得て、日韓併合条約が調印された。

（原題「日韓合邦」）

## 77 日韓合邦

明治43年（1910）８月22日　日韓両国代表は併合条約に調印した

## 78　東京帝国大学に行幸

明治四十五年（一九一二）七月十日、天皇は、東京帝国大学の卒業式に行幸した。

明治三十二年、天皇は初めて卒業式に臨御し、その後は御名代を差遣したが、同三十七年からは、毎年行幸するのが恒例となった。

この日、大学に到着した天皇は、標本室および古文書陳列室をご覧ののち、卒業証書の授与式場にお出ましになり、成績優等者十七名に賞品の銀時計を下賜された。

（原題「東京帝国大学行幸」）

## 78 東京帝国大学に行幸

明治45年（1912）7月10日　東京帝国大学卒業式に行幸するため、天皇が乗られた馬車が赤門前に差し掛かったところ

## 79　ご不例

　東京帝国大学の行幸に際し、階段のご昇降に際しても疲労倦怠の状が認められたが、以後も天皇は国事に鞅掌《おうしょう》されていた。しかし、七月十八日の晩ごろからご発熱が続き、その後、侍医の拝診によると、体温が高く、脈拍・呼吸の回数は多く、尋常でない状態が続き、ご容態は急速に悪化しつつあった。

　二十日、天皇の「御容態書」が公表されると、国民は愕然とし、社寺に参詣してご平癒の祈禱を行う者が後を絶たなかった。そして、東京近郊の老若男女は誰言うとなく皇居正門の前に集い、炎天下にもかかわらず、終日皇居を遙拝し、なかには夜を徹して祈禱する者も少なくなかった。

　しかし、全国民の願いも空しく、明治四十五年（一九一二）七月三十日午前零時四十三分、天皇は崩御された。宝算《ほうさん》六十一歳であられた。

（原題「不豫」）

79 ご不例

明治45年（1912）7月　皇居の正門前で、多くの人々が一心に天皇のご病気平癒を祈念した

# 80　ご大葬

天皇が崩御されるや、直ちに皇太子嘉仁《よしひと》親王が践祚《せんそ》し、明治四十五年（一九一二）を改めて大正元年とされた。

政府は大喪使《たいそうし》官制を定め、順次、大喪の次第が定められた。八月六日、大喪儀の期日は九月十三・十四・十五日、御陵は京都府下紀伊郡堀内村と定まった。八月二十七日、追号奉告の儀が行われ、明治天皇と追称された。

九月十三日、大喪儀は東京の青山練兵場内葬場殿で行われ、天皇・皇后・皇太后御名代《ごみょうだい》以下、皇族、英国皇帝御名代をはじめとする各国元首の御名代、特派大使・特派使節らが参列した。その後、霊柩《れいきゅう》は葬場殿の後方にしつらえられた青山仮停車場の列車に移され、十四日午前一時四十分、霊柩列車は東海道線を京都へ向かった。

十四日午後五時過ぎ、霊柩列車は桃山仮停車場に到着し、六時三十分、葱華輦《そうかれん》に移された霊柩は陵所へ向かい、七時三十分過ぎに到着した。直ちに陵所の儀が行われ、翌十五日午前七時に埋柩《まいきゅう》の儀、引き続き九時に陵前祭が営まれ、すべての大喪の儀が滞りなく終了した。

（原題「大葬　伏見桃山」）

## 80 ご大葬

大正元年（1912）９月14日　京都南方の伏見桃山に造営された御陵への参道を天皇の御葬列が進むところ

## 81　伏見桃山陵

大正元年（一九一二）八月六日、大喪儀を行う期日を制定したその日に、陵所として京都府紀伊郡堀内村大字堀内字古城山（現在の京都市伏見区桃山町古城山）が選定され、十九日には地鎮祭が行われた。

九月十三日、東京青山において大喪儀が行われ、引き続き霊柩は汽車で京都桃山に奉遷し、十四日夜半から翌日早暁にかけて陵所の儀が行われ、奉葬の式次第がすべて終了した。この日、御陵は伏見桃山陵と公示されている。明治三十六年（一九〇三）四月、明治天皇が京都御所に駐蹕《ちゅうひつ》されていた時、「朕が百年の後は必ず陵を桃山に営むべし」との意向を示されたことに基づき、伏見桃山の地に陵所が定められたのである。

御陵は上円下方墳《じょうえんかほうふん》で、上下ともに三段、したがって六段から成る。歴代天皇の御陵は礫石《れきせき》で固められ、一部の例外を除けばすべて南面している。伏見桃山陵の模範となったのは天智天皇の御陵と言われているが、舒明《じょめい》天皇の御陵に類似するとも言われている。

（原題「伏見桃山陵」）

81 伏見桃山陵

伏見桃山の地に陵を造営することは、生前の明治天皇のご遺志であった

# 明治天皇と「明治天皇紀附図」

米田雄介

## Ⅰ　明治天皇とその時代

### 明治天皇の御略歴

明治天皇は孝明天皇の第二皇子として、嘉永五年九月二十二日（一八五二年十一月三日）に、京都御所の北方、朔平門外にある母中山慶子の実家忠能邸で誕生された。お七夜に当たり、祐宮《さちのみや》と幼名を賜い、万延元年閏三月十六日（一八六〇年五月六日）に深曽木の儀式が行われている。

万延元年七月十日（一八六〇年八月二十六日）、祐宮は儲君と定められ、九月二十八日（十一月十日）に親王宣下を受け、孝明天皇から睦仁《むつひと》と御名を賜わられた。慶応二年十二月二十五日（一八六七年一月三十日）、孝明天皇が病により急に崩御されたため、睦仁親王が皇位を継承されることとなった。

践祚の儀は翌慶応三年正月九日（一八六七年二月十三日）に行われ、その一年後の慶応四年（明治元年）正月十五日（一八六八年二月八日）に元服の儀、同年八月二十七日（十月十二日）に即位の礼が行われている。ついで天皇は、九月八日（十月二十三日）に明治改元の詔を発せられた。いわゆる代替わり改元であった。同時に「一世一元」の制度を定めて天皇の在世中は同一年号を用い、改元しないこととした。九月二十日（十一月四日）、天皇は東幸の途につき、十月十三日（十一月二十六日）に東京にご着輦、江戸城を皇居と定めて、東京城と改称、十七日（十一月三十日）に百官に対して、万機親裁の詔を発せられている。十二月七日（一八六九年一月十九日）、天皇は再度、東京に臨幸すると令して、東京城旧本丸跡に宮殿の造営を命じ、翌日、京都に向けてご発輦、二十二日（二月三日）に京都に還幸した。その六日後の十二月二十八日（二月九日）、左大臣一条忠香の娘美子姫を迎えて皇后に冊立された。

明治二年三月七日（一八六九年四月十八日）、天皇はふたたび東幸し、明治四年十一月十七日（一八七一年十二月二十八日）には皇居内で大嘗祭を執り行われている。明治四十五年（一九一二）七月三十日、天皇は六十一歳で崩御された。践祚以来、四十六年間に及ぶ在位であられた。一世一元の制に基づき、在位中の年号に因んで明治天皇と追号され、京都市郊外の伏見桃山に葬られた。

明治天皇の御治世は、日本の歴史全体の中で、まさに未曽有の時代であったが、天皇が皇位に即かれる前から、すでに激動の時代は始まっていた。

## 近代国家の成立と明治天皇

明治天皇の御幼少期、宮廷の内外では、尊皇と攘夷、倒幕と佐幕など、様々な思惑が交錯していた。御父孝明天皇は当初から政治にかかわったのではなく、即位した当初、政治は幕府に委ねるものと考えられていたようであるが、いわゆる黒船の来航における判断の曖昧さが幕府の統治能力に一気に疑問を生じさせた。朝廷内には幕府が独占的に支配する体制への批判があり、諸藩の中にも倒幕を標榜する勢力が台頭してきた。このため朝廷のもとに幕府や諸藩が国策を検討する体制を構築する動きが見られるようになった。孝明天皇の御妹和宮を十四代将軍徳川家茂に降嫁させたことは、公武合体の一つの動きであった。朝廷と幕府がともに体制を強化して、国の内外から起こりつつある変化に対応しようとしたのである。ところが、思いも掛けない孝明天皇の崩御により、朝廷側は大きな柱を失ってしまった。後を継いだ若い明治天皇が政治的判断を下し、朝廷を纏めて指導されるということは、困難な状況であった。それだけに天皇の側近にある人々は、それぞれの立場で、あるべき天皇の姿を模索しなくてはならなかった。

慶応三年十月十四日（一八六七年十一月九日）、徳川幕府はついに大政奉還を行った。ついで十二月九日（一八六八年一月三日）に王政復古の大号令が発せられ、従来の征夷大将軍や摂政・関白などを廃止し、新たに総裁・議定・参与を設置し、政事の方針として神武創業の昔に戻すことなどが定められた。かくして政事が朝廷に返納され、天皇がその中心にあって政務を処置されることになったのである。

## 明治天皇の肖像画

ここで、二つの肖像画を見ておきたい。まず最初の肖像画（明治神宮蔵、本ページ掲載挿図）は、天皇が御小直衣・切袴を着し、金巾子を冠して扇子を取り、椅子に座られているもので、明治六年（一八七三）に初代五姓田芳柳が絹本に描いたものと言われている。

「明治天皇御尊像」
初代五姓田芳柳画（明治神宮蔵）

『明治天皇紀』の明治五年八月五日条によると、これより先に、写真師内田九一が天皇・皇后（昭憲皇太后）の御真影を撮影し、この日、これを天皇は英照皇太后（孝明天皇の准后）に贈進された。さらに、九月三日には皇太后の御真影が撮影され、九月十五日、九一は天皇・皇后の御写真を大小合わせて七十二枚上納した、と伝えられている。この内訳について、「当時の宸影、一は束帯にして、一は直衣を着御し金巾子を冠したまふ」とある。先の金巾子の肖像画は九一の撮影した写真を基に、芳柳が得意とする肖像画に仕上げたものと考えられるが、正確にはその時期は不明である。明治五年の写真撮影時の天皇は二十一歳であられた。

もう一つの肖像画（明治神宮蔵、口絵）は、大蔵省印刷局の雇イタリア人のキヨッソーネが描いたもので、明治二十一年の作品である。もともと写真嫌いの天皇は重臣からの撮影奏請に対してもなかなか勅許されなかった。思案に暮れた侍臣らは、明治二十一年一月十四日に天皇が芝公園内の弥生社に行幸の日に、キヨッソーネに命じて襖の陰から天皇のお姿を密かにスケッチさせ、後にコンテ画に仕上げさせた。それを写真師の丸木利陽が数十日をかけて完成させたと言われている。時に天皇は三十七歳であられた。

この二つの肖像画は、十五、六年の歳月の開きこそあるが、いずれも天皇の特徴をよく捉えていると思われる。前者に描かれた前方をしっかりと見据えた目、真一文字に結んだ口元には、若々しい青年の一途さが感じられる。鋭い目つきと口元は後者も同様である。青年から壮年になられているのは当然としても、後者には、いかにも明治大帝と呼ばれるに相応しい堂々たる雰囲気が良く伝わっている。

もとより、前者は写真を元に描いたもの、後者はまずスケッチを作成し、それを写真にしたという制作過程の違いはあるが、この二つの肖像画はともに天皇の姿をよく捉えている作品である。

二つの肖像画には、十五、六年という年月の経過による相違も読み取れる。すなわち二つの肖像画の違いは、年齢の相違だけではなく、この間に天皇自身が積み重ねられた歴史の重みを考えさせられるのである。この十五、六年を中心に、それぞれ前後数年間を含め、その時代について考えてみよう。

## 明治天皇の六大巡幸

明治五年（一八七二）から同十八年の間、つぎに示すように、西に東にと長期にわたる巡幸が六度にわたって行われている。

① 九州・西国巡幸（明治五年五月二十三日〜七月十二日）
② 奥羽巡幸（明治九年六月二日〜七月二十一日）
③ 北陸・東海道巡幸（明治十一年八月三十日〜十一月九日）

④　山梨・三重・京都巡幸（明治十三年六月十六日〜七月二十三日）
⑤　北海道・秋田・山形巡幸（明治十四年七月三十日〜十月十一日）
⑥　山口・広島・岡山巡幸（明治十八年七月二十六日〜八月十二日）

北海道・秋田・山形巡幸は七十四日間、北陸・東海道巡幸は七十二日間という長期に及ぶものであり、山口・広島・岡山巡幸の十八日間が最も短い。

このような長期にわたる巡幸の目的は、天皇が各地の実情を把握し、この後の政事に役立てようとされたことにあったのは言うまでもない。巡幸先で天皇は、府知事や県令より概況の説明を受け、具体的に各地の工場・物産所・牧場・学校などを巡回し、農民や工場労働者の作業、教育の現場などを視察されたのである。明治神宮外苑にある聖徳記念絵画館壁画の第三十五図「奥羽巡幸馬匹御覧」は、奥羽巡幸の途次、盛岡八幡社境内の馬場で天皇が産馬をご覧になっている場面を描いたものである。当時、馬は農耕のみならず、輸送手段として、また軍用の面からも注目されていた。あるいは、同壁画の第四十二図「北海道巡幸屯田兵御覧」は、屯田兵の農作業をご覧になった場面を描いたものである。屯田兵は、明治八年に北海道の警備と開拓のために設置されたもので、主に東北地方の士族がその任に当たった。さらに、第四十三図「山形秋田巡幸鉱山御覧」は、秋田の院内鉱山を天皇が視察される様子を描いたものである。院内鉱山は、東北地方を代表する銀鉱山として工部省の管轄下にあった。

明治政府の課題の一つに富国強兵があった。富国を行うためには、殖産興業が欠かせない。天皇はその殖産興業のために、全国各地に赴いて産業を視察し、奨励されたのである。天皇の六大巡幸は、天皇が国民の前に出ることによって、国民から「見られる天皇」を演出するという見方もあろうが、それは結果として言えることで、むしろ「ご覧になられる天皇」であることに意味があったのではないだろうか。

では、天皇は如何にあるべきか。天皇自身が何をご覧になり、理解されるのかということが重要である。つまり、天皇御自身の器量の問題でもある。したがって、天皇はその器量を磨くために修養と訓練に励まれるとともに、岩倉具視や伊藤博文をはじめとして側近に奉仕する人たちは、明治天皇により広く世界を見て戴くように努めていたのである。

### 修養と訓練

江戸時代の初めに、江戸幕府は「禁中並びに公家諸法度」を定めて天皇の行動を制限しようとし、その第一条に、「天子諸芸能のこと　第一御学問なり」と定めた。これは古くからの教えで、鎌倉時代初期の順徳天皇の著作『禁秘抄』には「諸芸能の事」に「第一御学問なり、それ学ばずんば則ち古道に不明なり」とあり、鎌倉時代後期の花園天皇は『学道之御記』の中で、「それ学の用たる、豈にただ多く文字を識り道義を修め、礼儀を識り古事を記すのみならんや。本性に達し、道義を修め、礼儀を識り変通を弁え、往を知り来を鑑みる所以なり」と学問必須の心がけを論じられている。江戸時代の天皇はこれらの教訓に従い、和漢の学に精励された。慶応三年（一八六七）三月五日、皇位についたばかりの明治天皇は外祖父中山忠能から『禁秘抄』の進講を受けられている。

明治天皇は、ほかにも早くから和漢の学に親しまれていた。明治初年には『古事記』『日本書紀』『神皇正統紀』『日本外史』などの国書、四書五経や『資治通鑑』『唐鑑』『元明史略』など中国の書物の講義を受けられている。しかし、明治天皇はそれまでの天皇とは異なり、『西国立志伝』『仏国政典』、英国史や欧米の政体制度とその歴史など、西洋に関する著作についても学習されている。欧米にも目を向け、広い視野から時代を捉えようとされていたのであろう。

即位の礼に当たり、水戸藩から献上の地球儀（宮内庁蔵）が紫宸殿の南庭に据えられる計画があった。実際には、降雨のために地球儀は承明門内に置かれたが、即位礼に地球儀を据えるという発想はこれまでにない新儀で、世界に対する認識を天皇に深めていただこうとした表れである。

それに関連する例として、聖徳記念絵画館の壁画第十一図「各国公使召見」がある。本図は、明治元年二月三十日（一八六八年三月二十三日）にフランス公使やオランダ公使を天皇が初めて紫宸殿において召見された図である。当時、後宮にあっては異国の公使を召見することに異議を唱える意見があった。しかし、松平慶永や岩倉具視が公使の召見は万国の通義であると奏して天皇の容れられるところとなった。岩倉らは、天皇が世界に目を向けられることの必要性を説き、天皇もまた世界の制度・法律・歴史を積極的に学ぼうとされたのである。

一方で天皇は、操練・号令・乗馬・射的などを行い、自身の身体を強健にして、将来、軍事を親裁するための訓練を自覚して行われていた。たとえば、明治七年（一八七四）については、一・六の公休日を除き、ほとんど連日のごとく操練・号令の練習をし、暑中は操練こそ止めたものの、御苑樹林の間において号令を発する練習をされたという。絵画館の壁画第二十九図「御練兵」は明治六年五月以降、赤坂仮皇居の樹林の中で、大隊・小隊に編成された近衛兵の教練を天皇が指揮し、号令の練習を行われている時の図である。

乗馬については、明治四年は年間八十三回であったが、七年は実に二百六十七回を数え、射的は、四十三回も行われたという。

なお、天皇は軍事教練などに精励しているが、剣術・弓術あるいは柔術などの武術を行うことはなく、如何にして兵士たちを統率するかに関心を持たれていたものと思われる。

もう一例挙げておこう。壁画第二十七図「習志野之原演習行幸」は、明治六年四月二十九日から五月一日の間、下総国千葉郡大和田村において近衛兵が東西に分かれ、対抗演習を行った時の図である。実はこの日、降雨激しい中、天皇は曠野に天幕を張り、練武の範を垂れるとして、風雨のため幕舎がまさに転覆せんとするも、泰然自若として一夜を過ごし、翌日の演習を統監されたという。

操練・号令の訓練や乗馬・射的などは、公家社会では考えられない行為で、歴代天皇の中でも突出したものであった。また、従来は専ら堂上華族が選ばれていた側近奉仕者について、明治三年十一月の任用に際しては、旧狭山藩知事北条氏恭や旧高知新田藩主山内豊誠ら元藩知事・士族等も選出されている。この後も佐賀鹿島藩知事鍋島直彬や鹿児島藩士族高島鞆之助、あるいは静岡県士族山岡鉄太郎などが侍従に任用されている。

また、明治十年八月から十二年十月までの二年二ヶ月の間、侍補が置かれている。その任務は、天皇に陪従して常侍規諫闕失を補益するを掌る、とある。つまり、侍補は天皇に近侍して補導にあたるを任とするもので、遠慮なく天皇に諫言することができる、と定められた。明治天皇は深更に及んでもなお飲酒されることがしばしばあったが、侍補の諫言により、深酒に浸ることがなくなったという。ただ、侍補が助言や提言を通して国政に係わることが可能となると、国政の乱れの因になると懼れた政府は、その権限を大臣・参議に行わしめんとして侍補の制を廃止した。しかし、廃止に当たり天皇は、侍補を廃止するが、爾後も言わんとすることがあれば、腹蔵なく奏聞すべしと仰せられている。

## 明治天皇と岩倉具視

天皇のあるべき姿を考えていたのは武士階級だけではない。むしろ公家の中にこそ天皇親政を願う者がいた。そのなかでも岩倉具視は中心的人物であり、天皇の篤い信任を得ていた。岩倉は公武合体に尽力したとして、尊皇攘夷派の廷臣や志士からは反発を買い、文久二年八月二十日（一八六二年九月十三日）、勅勘を蒙って蟄居・落飾を命ぜられた。しかし、慶応三年十二月九日（一八六八年一月三日）、王政復古の大号令の出される日の朝、復飾を認められた。これ以前から、岩倉は密かに薩摩の大久保利通・西郷隆盛らと気脈を通じて、新政府樹立の方策を練っていたが、勅勘を解かれるや、まず中山忠能・正親町三条実愛らをして、天皇に王政復古の断行を奏上させ、天皇を中心とする政治体制の樹立を目指した。王政復古の大号令により、征夷大将軍や摂政・関白が廃止され、新たに総裁・議定・参与が設置されるとともに、政務を神武創業の昔に戻し、身分の差を設けることなく、議論を尽くせる社会の創設が目指されることになったのである。

岩倉が復飾した日に開かれた小御所会議は、新たな政治体制の樹立に向けた具体的な第一歩であった。会議では、大政奉還した将軍徳川慶喜に、なお従前の資格のもと、新政に参画させるか否かの議論となり、聖徳記念絵画館の壁画第六図「王政復古」に窺えるように、慶喜の復権に反対の岩倉は、賛成派の議定山内豊信に向かって気色ばみ、口角泡を飛ばして反対を唱えるなど、会議は緊迫した場面となった。

その後、折に触れて岩倉は三条実美に時務の得失を論じ、君徳を涵養する必要について熱心に説き、天皇を中心とする政権の樹立を目指した。そうした政治的信念を岩倉はその後も一貫して持ち続け、その信念に従って皇権の確立を図るべく、様々な政策提言を行い、また自ら政策実現のために行動した。

明治元年閏四月四日（一八六八年五月二十五日）に、天皇は公卿・諸藩主に対し万機を親裁する旨を伝え、天皇大権の動かしがたいことを述べられている。同月二十日、岩倉は中山忠能とともに議定の任を解かれ、改めて毎日御前に侍るように命ぜられている。九月二十六日、天皇は王政復古の功臣として三十三人に禄を給し、位を進められているが、中でも三条と岩倉は「国ノ柱石、朕ノ股肱」と称えられている。

また、岩倉は京都御所の保存、即位の礼や大嘗祭が京都御所で挙行されることを請い、それが日本の文化の保全に留まらず、京都の活性化に繋がるものであると提言し、天皇は岩倉の考えを受け入れられた。のちに大正・昭和両天皇の即位の礼、大嘗祭が京都御所で行われたのは岩倉らの尽力に負うところが大である。

ところで、明治四年八月以来、天皇は合計六度も岩倉邸に行幸されている。臣下の私邸に何度も訪ねることは稀有のことであった。十六年七月五日、天皇は病の床に臥せっている岩倉を見舞われた。しかし、岩倉の病は益々亢進し、七月十九日、ついに病革まるとの報に接した天皇は、儀仗の未だ整わないにもかかわらず、直ちに宮門を出て岩倉邸に向かわれている。壁画第四十七図「岩倉邸行幸」によると、天皇の行幸に際し岩倉は身を起こして拝せんとするも、病躯すでに意のごとくにならずという有様で、翌日、ついに岩倉は帰らぬ人となった。時に五十九歳。三十三歳の天皇は、まだまだ岩倉の輔弼を必要としていたのである。

## 明治天皇と伊藤博文

長州藩士の伊藤俊輔（博文）は出自においては岩倉と全く別の世界にいたが、明治維新が両者を結びつけることになった。岩倉を大使とする使節団に伊藤は特命全権副使として加わり、米欧十二ヶ国を巡り、国家とは何か、どうあるべきかをともに実見した。彼らが帰国した直後、西郷隆盛を中心にした遣韓問題が勃発した。岩倉、木戸孝允、伊藤は西郷の朝鮮派遣に反対した。その後、伊藤は大久保利通・大隈重信らを助けて政権の近代化を推進した。明治十四年（一八八一）の政変では、伊藤は大隈を失脚させ、着実に支配機構の中でその地位を固めていった。

一方、民間では自由民権運動が盛んに行われ、政府は民権論者の要求する憲法制定・国会開設などに耳を傾け、将来の国会開設を約束せざるを得なくなった。それらに対応するために、政府は伊藤を欧州に差遣して国憲の調査を命じ、伊藤はプロシアのグナイストなどから立憲君主制とは何かを学び、明治十六年に帰国した。帰国の直前、岩倉薨去の報に接している。その後、伊藤は皇室典範や憲法の制定に邁進した。典範・憲法のほか、議院法・会計法の諸条文案が整うと、明治二十一年二月にこれを天皇に奏上、その年四月二十八日に枢密院が設けられると、伊藤が議長に就任した。枢密院では、まず五月八日から六月十五日まで皇室典範の審議が行われ、ついで六月十八日から七月十三日まで憲法の審議が行われている。以後、九月十七日から十月三十一日まで議院法、十一月五日から十一月二十六日まで会計法、十一月二十六日から十二月十七日まで衆議院議員選挙法の審議が行われている。その間、天皇が欠席されたのは唯一度のみであった。十一月十二日の会議の途中、昭宮猷仁親王の薨去の報が伝えられた時には、天皇は議事終了まで会議を聴聞された。この会議を通じて天皇は、疑問が生じると伊藤を御前に召し、疑問を糺されている。立憲君主としての地位や君主のあり方について認識を深められたものと考えられる。キヨッソーネが天皇の肖像画を描いたのは、明治二十一年の初めのことで、天皇としての自信を深めつつあった時期である。

## 立憲君主制の天皇

憲法草案の審議が終了し、明治二十二年（一八八九）二月十一日に大日本帝国憲法が発布された。新しく造営された宮殿（明治宮殿）の正殿に天皇はお出ましになり、皇后、親王・同妃、大臣以下勅任官・府県知事・華族らの居並ぶ中、内大臣三条実美が捧持する憲法を天皇に上ると、天皇は勅語を賜い、憲法を総理大臣黒田清隆に授けられている。

憲法発布式を無事に終えると、天皇は皇后とともに青山練兵場に行幸啓し、観兵式が盛大に行われた。翌二十三年十一月二十九日には帝国議会が開院し、名実ともに日本は近代国家としての体裁を整えることになった。

ところが、それから間もなく、日本は清国との間で干戈を交えることになった。天皇は「今回の戦争は朕素より不本意なり」と述べて開戦を憂慮した。しかし、「閣臣等戦争の已むべからざるを奏するに依り、之れを許したるのみ」と言われたように（『明治天皇紀』）、立憲君主制に従い、天皇は宣戦の詔書を発した。戦争が始まると、明治二十七年（一八九四）九月十三日に天皇は東京を発輦、大本営を広島の第五師団司令部に移し、翌年四月二十七日京都御所に還幸するまで半年余を広島の大本営で過ごされている。その間、天皇は執務室において食事をお召しになり、夜はそこでお休みになるという不自由に耐えられた。このことは、国民の士気を大いに高めることになった。山口県下関で日清両国代表による講和会議が行われ、日本が清国に勝利したことで、国民の間にはアジアの盟主という自覚が生じ始めたようである。

欧州列強が植民地の拡大を目指して中国にも食指を伸ばしている中で、義和団事件に見られるように、中国内部では自立を求める動きが見られた。列強は居留民の保護を名目に出兵し、事件は一応解決したものの、その後もロシアは兵を駐留させ、朝鮮半島への勢力拡大を図った。時の桂太郎内閣は、天皇のご意向を受け、外交手段による戦争回避の交渉を続けたが、強硬姿勢を貫くロシアと我が国との対立が深まり、明治三十七年（一九〇四）、ついに日露開戦に至ったのである。

この時も天皇は開戦に懸念を示された。しかし、もはや戦争が不可避となったとき、天皇は「今回の戦は朕が志にあらず、然れども事既に茲に至る、之れを如何ともすべからざるなり」と述べられている（『明治天皇紀』）。天皇のご苦悩が垣間見える。この年にお詠みになったつぎの御製はよく人々の知るところである。

よもの海みなはらからと思ふ世に
　など波風のたちさわぐらむ

世界中の人々が　皆同胞であると思っているのに、どうして波風が荒れ狂うのだろうか、との意味である。

また、つぎの御製は、日露戦争中に詠まれたものである。

子等はみな軍のにはにいではてて
　翁やひとり山田もるらむ

子ども達はみな戦場へ出て行ってしまって、年老いた父が山あいの田圃を守っていることであろう、との意味である。因みに、天皇はご生涯に十万首近い和歌をお詠みになっている。特に日露戦争時は毎日十首ずつの御製をお作りになったとされる。その多くは戦地の兵士を思われてお詠みになったものである。

アジアの小国日本が清国との戦いで勝利したとはいえ、強大なロシアに勝利することはあり得ないと思われていた。しかし旅順口・奉天や日本海などにおける日本の勝利は世界の国々を驚かせ、日本は諸国の注目を集めるようになった。明治三十八年九月、日露講和条約が締結されたのに次いで、日本は韓国との間に協約を結び、韓国に統監府が設置された。初代統監には伊藤博文が就任した。その後も日韓関係は緊張を続けて流動的であったが、明治四十三年八月、日韓合邦が行われた。

そのような中で、明治天皇が六十一歳で崩御された。明治四十五年七月三十日のことである。若くして皇位に即いた天皇は、文字通り激動の時代の中で、日本の近代化を推進し、世界における日本の地位を築かれた。まさに、国と民の安寧のために尽くされた陛下のご生涯であったと言えよう。

## Ⅱ 『明治天皇紀附図』について

大正三年（一九一四）十二月一日、「明治天皇紀」の編修が開始され、十九年の歳月を経て完成し、昭和八年（一九三三）九月三十日、「明治天皇紀」は、昭和天皇に奉呈された。その時、「絵画一帙」が併せて奉呈されている。

その後、「明治天皇紀」は未刊のままであったが、昭和四十一年（一九六六）に内閣において明治百年記念事業が企画された際、その事業の一環として「明治天皇紀」本文の公刊が行われることとなった。昭和四十二年四月、宮内庁は公刊事業を開始し、『明治天皇紀』十二冊（一冊平均八百ページ）を順次刊行した（A5判、吉川弘文館刊）。そして、昭和五十二年十二月に索引一冊を刊行して事業が終了した。ただ、「明治天皇紀」の本文とともに昭和天皇に奉呈された「絵画一帙」は、その後も公刊の機会がなく、幻の資料と見なされていた。しかし、この度の明治天皇百年祭にあたって、明治神宮は「絵画一帙」を『明治天皇紀附図』（A3判、吉川弘文館刊）と題して刊行することになった。

昭和六年四月、「明治天皇紀」の編修の最終段階に至って、臨時帝室編修局は画家の二世五姓田芳柳に「絵画一帙」の作成を委嘱した。

二世芳柳は、元治元年（一八六四）下総国で誕生した。父は倉持正重、諱は子之吉、若くして初代五姓田芳柳の養嗣子となり、画業に専念して多くの作品を残している。なかでも注目される画業は、明治神宮外苑に建てられた聖徳記念絵画館の壁画の下絵を描いたことである。現在、絵画館に陳列されている壁画八十枚の内、第五十図「枢密院憲法会議」は二世芳柳の作品である。それ以外の七十九枚は別の画家が描いたもので、二世芳柳がそれらの下絵の作者とは気づかれないが、いずれの壁画も芳柳の下絵なしには完成しなかった、と言っても過言ではない。

明治神宮奉賛会は、明治天皇の御事蹟を顕彰する絵画の作成を構想していた。明治天皇および皇后（昭憲皇太后）に関わることはもとより、政治・外交・軍事・教育などを中心に、明治時代の重要な出来事を絵画化するために、何を取り上げるべきかの調査・研究を行い、紆余曲折を経て八十の画題を選定した。画題の選定にあたっては、画面に描かれる風景や建築物などの特徴をはじめ、建物の構造、調度類、人物の配置、衣服や色彩にも配慮するなど、歴史家による綿密な考証が加えられていた。しかし、それらは文献上のことであった。実際に絵筆で描くことが可能かどうかについては画家の手に委ねるべきであるとの観点から、二世芳柳が下絵の作成を依頼されたのである。芳柳はその期待に応え、「壁画画題考証図」つまり下絵を作成したのであった。ただ、その後に完成した壁画は、必ずしも下絵通りのものばかりではなかった。

昭和六年四月になって、「明治天皇紀」の「絵画一帙」の作成が企画されると、ふたたび二世芳柳に白羽の矢が立った。先には明治神宮奉賛会の依頼であり、今般は宮内省の臨時帝室編修局の事業であるが、両組織の関係者は重複していたから、芳柳に委嘱することについて特に問題となることはなかった。それどころか、明治天皇の御事蹟画の委嘱状の中に、「聖徳記念絵画館画題考証図ノ揮毫ヲ嘱託ス」とあるように、かつて芳柳が作成した壁画の下絵をそのまま用いるようにとの趣旨が記されていた。芳柳に与えられた期間は二年三ヶ月であった。

臨時帝室編修局は、先に心血を注いで描き上げた絵画館の壁画下絵が完成された画に十分に生かされていないと考え、改めて明治天皇の御事蹟画の作成を二世芳柳に委嘱したものと思われる。ただ臨時帝室編修局では昭和八年九月に完成品を昭和天皇に奉呈する予定であったために、短期間に八十枚（後に一枚追加）もの画を完成させなければならなかった。おそらく臨時帝室編修局は、新たな構図による絵画の製作を芳柳に求めたのではなく、かつて描いた「壁画画題考証図」の通りに清書すれば良いと考えていたのではないか。時間が限られている中で、それ以外に方法がないと判断したのであろう。

こうして、二世芳柳はふたたび明治天皇の御事蹟画に専念することになった。

完成したものを見ると、先の「壁画画題考証図」とは若干相違する箇所がある。たとえば、「伏見桃山陵」が途中で追加され、全八十枚から全八十一枚になっている。これは、臨時帝室編修局の要請に基づくものである。また、画題は前回と同じであるが、「琉球藩設置」「教育勅語下賜」「樺太国境画定」などのように、構図が全く異なったものもある。これらの中には、「壁画画題考証図」ではなく、聖徳記念絵画館の壁画を参考にしたものもあると思われる。より具体的に分かりやすくするために芳柳自身が思案を重ね、最終的に描き上げた結果の全八十一枚の絵画であった。

二世芳柳は、期限内に八十一枚の御事蹟画を臨時帝室編修局に提出した。そして、昭和八年九月三十日、昭和天皇に「明治天皇紀」が奉呈された際、併せて「絵画一帙」が奉呈されたのである。

この度、その「絵画一帙」が『明治天皇紀附図』として刊行され、『明治天皇紀』の公刊事業は名実ともに完了することになった。

なお『明治天皇紀附図』を理解して戴くために、その書籍版として『明治天皇とその時代―『明治天皇紀附図』を読む』（明治神宮監修）が併せて刊行されることとなった。

これらの公刊により、二世五姓田芳柳の畢生の大作について様々な評価が下されることであろう。昭和の初期に描かれた明治天皇の御一代を表す絵画が、近代史研究の一資料として、今後の研究に寄与することを願っている。

（元宮内庁正倉院事務所長）

# 明治天皇略年譜

| 年次 | 西暦 | 年齢 | 記事 | 日本の動き |
| --- | --- | --- | --- | --- |
| 嘉永 五年 | 一八五二 | 一 | 九・二二 明治天皇ご降誕（幼名「祐宮」、図1） | |
| 六年 | 一八五三 | 二 | | 六・三 米国のペリーが浦賀へ来航し開国を求める |
| 安政 元年 | 一八五四 | 三 | | 三・三 日米和親条約 |
| 五年 | 一八五八 | 七 | | 六・一九 日米修好通商条約<br>九・七 安政の大獄が始まる |
| 万延 元年 | 一八六〇 | 九 | 閏三・一六 深曽木の儀（図2）<br>九・二八 親王宣下、御名を「睦仁」と賜る（図3） | 一・一九 幕府の軍艦咸臨丸、米国へ<br>三・三 大老の井伊直弼暗殺（桜田門外の変） |
| 文久 三年 | 一八六三 | 一二 | | 八・一八 八月十八日の政変 |
| 慶応 二年 | 一八六六 | 一五 | 一二・二五 孝明天皇が崩御（三六歳） | 一・二一 薩長連合<br>七・二〇 将軍徳川家茂死去 |
| 三年 | 一八六七 | 一六 | 一・九 明治天皇践祚（図4）<br>一二・九 王政復古の大号令（図6） | 一〇・一四 大政奉還（図5） |
| 明治 元年 | 一八六八 | 一七 | 一・一五 元服の儀（図8）<br>二・三 二条城の太政官代に行幸（図9）<br>二・三〇 紫宸殿で各国公使をご接見（図11）<br>三・一四 五箇條御誓文を布告（図12）<br>三・二一 大坂行幸中に天保山で海軍を親謁（図14）<br>七・一七 江戸を東京と改める詔書<br>八・二七 即位の礼（図15）<br>九・八 明治改元の詔<br>九・二〇 東京へ向けて京都をご出発<br>九・二七 尾張の八丁畷で稲刈りをご覧（図16）<br>一〇・一三 東京にご到着（図17）<br>一〇・二七 武蔵の氷川神社に行幸<br>一二・二二 京都へ還幸<br>一二・二五 孝明天皇三年祭<br>一二・二八 皇后の入内（図18） | 一・三 伏見鳥羽の戦い（図7）<br>二・一五 東征大総督の熾仁親王が京都を進発（図10）<br>三・一四 江戸で西郷隆盛と勝海舟が談判（図13）<br>四・一一 江戸城を開城<br>閏四・二一 政体書<br>五・三 奥羽越列藩同盟 |
| 二年 | 一八六九 | 一八 | 三・七 ふたたび東幸<br>三・一二 伊勢の神宮にご参拝（図19）<br>三・二八 東京にご到着<br>一〇・二四 皇后が東京に行啓 | 六・一七 版籍奉還<br>六・二九 東京招魂社を創建<br>一二・二五 東京・横浜間に電信開通 |
| 三年 | 一八七〇 | 一九 | 一・三 大教宣布・神祇官鎮祭の詔 | |
| 四年 | 一八七一 | 二〇 | 一一・一七 大嘗祭（図22） | 七・一四 廃藩置県（図20）<br>七・二九 日清修好条規<br>一一・一二 岩倉使節団が米欧に向けて出発（図21） |
| 五年 | 一八七二 | 二一 | 五・二三〜七・一二 九州・西国巡幸<br>六・一四 長崎にご到着（図23）<br>六・二二 鹿児島にご到着（図24） | 七・二五 琉球の使節が首里城を発ち東京へ（図25）<br>八・二 学制発布<br>九・一二 新橋・横浜間の鉄道開業式に行幸（図26）<br>九・一四 琉球藩設置 |

| | | | | |
|---|---|---|---|---|
| 六年 | 一八七三 | 二二 | 三・二〇　断髪<br>四・二九～五・一　千葉県大和田村（習志野原）の演習に行幸（図27）<br>五・五　皇居焼失のため赤坂離宮を仮皇居とする<br>六・二四　皇后・皇太后が富岡製糸場に行啓（図28） | 一二・三　太陽暦を採用、この日を明治六年一月一日とする<br>一・一〇　徴兵令<br>七・二八　地租改正条例<br>九・一三　岩倉使節団が帰国<br>一〇・一四　紀元節を二月十一日と定める<br>一〇・二五　征韓論問題で西郷隆盛ら下野（明治六年の政変） |
| 七年 | 一八七四 | 二三 | 一・二七　東京招魂社に初のご参拝 | 一・一七　板垣退助らが民撰議院設立の建白書を提出 |
| 八年 | 一八七五 | 二四 | 四・四　隅田川沿いの水戸徳川邸に行幸（図31）<br>四・一四　漸次立憲政体樹立の詔<br>六・一八　赤坂仮皇居で皇后が田植をご覧（図32）<br>六・二〇　第一回地方官会議の開院式に行幸（図33）<br>一一・二九　皇后が女子師範学校に行啓（図34） | 二・一一　大阪会議<br>四・一四　元老院・大審院・地方官会議を設置<br>五・七　樺太・千島交換条約 |
| 九年 | 一八七六 | 二五 | 六・二～七・二一　奥羽・函館巡幸<br>七・七　盛岡八幡社で地元産馬をご覧になる（図35） | 二・二六　日朝修好条規<br>一〇　士族の反乱が相次ぐ（神風連の乱・萩の乱等） |
| 一〇年 | 一八七七 | 二六 | 一・二四～七・三〇　京都・大和国行幸<br>一・三〇　孝明天皇十年祭<br>二・一一　神武天皇陵にご参拝（図36）<br>八・二一　皇后と第一回内国勧業博覧会に行幸啓（図38） | 二・一五　西南戦争（図37）<br>五・二六　木戸孝允没（四四歳）<br>九・二四　西郷隆盛没（五一歳） |
| 一一年 | 一八七八 | 二七 | 七・五　青山御所で英照皇太后と能楽をご覧（図39）<br>八・三〇～一一・九　北陸・東海道巡幸<br>九・二六　新潟の糸魚川行在所の天皇に皇后の「初雁ノ御歌」が届けられる（図40） | 五・一四　大久保利通没（四九歳） |
| 一二年 | 一八七九 | 二八 | 八・一〇　グラント前米大統領とご対談（図41）<br>八・三一　嘉仁親王（大正天皇）ご降誕 | 九・二九　教育令を公布 |
| 一三年 | 一八八〇 | 二九 | 六・一六～七・二三　山梨・三重・京都巡幸 | |
| 一四年 | 一八八一 | 三〇 | 七・三〇～一〇・一一　北海道・秋田・山形巡幸<br>九・一　札幌で屯田兵の農作業をご覧になる（図42）<br>九・二一　秋田県の院内鉱山をご視察（図43）<br>一〇・一二　国会開設の詔 | 一〇・一一　明治十四年の政変<br>一〇　松方正義蔵相が兌換制度の採用を上奏（図44） |
| 一五年 | 一八八二 | 三一 | 一・四　軍人勅諭を下賜（図45） | 三・三　欧州での憲法調査を命じる伊藤博文への勅書<br>四・五　条約改正会議で井上馨外務卿が改正の基本方針を説明（図46）<br>六・二七　日本銀行条例を制定 |
| 一六年 | 一八八三 | 三二 | 七・五、一九　病床の岩倉具視をご慰問（図47） | 七・二〇　岩倉具視没（五九歳） |
| 一七年 | 一八八四 | 三三 | | 七・七　華族令を制定 |
| 一八年 | 一八八五 | 三四 | 七・二六～八・一二　山口・広島・岡山巡幸<br>一一・一三　皇后が華族女学校に行啓（図48） | 一二・二二　太政官制を廃し内閣制度を制定、初代首相に伊藤博文 |
| 一九年 | 一八八六 | 三五 | | 三・一　帝国大学令を公布 |

| | | | | |
|---|---|---|---|---|
| 二〇年 | 一八八七 | 三六 | 五・九 皇后が東京慈恵医院に行啓（図49） | 一二・二五 保安条例を公布 |
| 二一年 | 一八八八 | 三七 | 五・八 枢密院を設置、皇室典範の審議に臨御<br>六・一八 枢密院で憲法草案の審議に臨御（図50） | |
| 二二年 | 一八八九 | 三八 | 一・一一 赤坂離宮より皇居に還られる<br>二・一一 大日本帝国憲法発布式に行幸啓（図51）<br>二・一一 青山練兵場での観兵式に行幸啓（図52） | 二・一一 皇室典範を制定<br>七・一 東海道線（東京・神戸間）が全通 |
| 二三年 | 一八九〇 | 三九 | 一・一八 新築の明治宮殿で歌御会始（図53）<br>三・三一 陸海軍連合の大演習を初めてご統監（図54）<br>一〇・三〇 教育勅語を下賜（図55）<br>一一・二九 第一回帝国議会開院式に行幸（図56） | |
| 二四年 | 一八九一 | 四〇 | | 一・二二 元田永孚没（七四歳）<br>二・一八 三条実美没（五五歳） |
| 二七年 | 一八九四 | 四三 | 三・九 ご結婚二十五年の祝典（図57）<br>八・一 宣戦の詔書（日清戦争）<br>九・一五 広島大本営に到着し軍務を親裁（図60） | 七・一六 日英通商航海条約で領事裁判権を撤廃<br>九・一五〜一六 平壌の清国軍を撃破（図58）<br>九・一七 黄海海戦で清国の北洋艦隊を撃破（図59） |
| 二八年 | 一八九五 | 四四 | 三・二二 皇后が広島予備病院に行啓（図61）<br>五・三〇 東京に還幸<br>一二・一七 日清戦争の戦死者を合祀する靖國神社の臨時大祭に行幸（図64） | 四・一七 日清講和条約（図62）<br>四・二三 三国干渉<br>六・一一 日本軍が台北城に入城、彰化方面の鎮定へ（図63） |
| 二九年 | 一八九六 | 四五 | 一一・五 捕獲兵器等の陳列庫「振天府」に臨御（図65） | |
| 三〇年 | 一八九七 | 四六 | 一・一一 英照皇太后崩御（六五歳）<br>四・一七〜八・二三 皇后を伴い、京都に行幸啓 | |
| 三一年 | 一八九八 | 四七 | | 六・三〇 大隈重信を首相とする初の政党内閣 |
| 三二年 | 一八九九 | 四八 | 七・一〇 東京帝国大学の卒業式に初めて行幸 | |
| 三三年 | 一九〇〇 | 四九 | 五・一〇 皇太子嘉仁親王ご成婚 | |
| 三四年 | 一九〇一 | 五〇 | 四・二九 裕仁親王（昭和天皇）ご降誕<br>七・六 皇后を伴って東宮御所に行幸啓し、皇孫とご対面 | 一二・一〇 田中正造が足尾鉱山鉱毒事件で天皇に直訴 |
| 三五年 | 一九〇二 | 五一 | 一〇・二一 日本赤十字社の第十一回総会および創立二十五年記念祝典に皇后が行啓（図67） | 一・三〇 日英同盟協約を締結（図66） |
| 三六年 | 一九〇三 | 五二 | | 四・一三 国定教科書制度が成立 |
| 三七年 | 一九〇四 | 五三 | 二・四 御前会議でロシアとの宣戦を宸裁（図68）<br>二・一〇 宣戦の詔書（日露戦争） | 二・二三 日韓議定書に調印 |
| 三八年 | 一九〇五 | 五四 | 一〇・二三 横浜沖の凱旋観艦式に行幸（図73）<br>一一・一六〜一七 平和克復奉告のため伊勢の神宮にご参拝 | 一・一 旅順要塞開城（図69）<br>三・一五 日本軍が奉天入城（図70）<br>五・二七 日本海海戦でバルチック艦隊を撃破（図71）<br>九・五 日露講和条約（図72）<br>日比谷焼打ち事件<br>一一・一七 朝鮮に統監府を設置（初代統監伊藤博文） |

| | | | | |
|---|---|---|---|---|
| 三九年 | 一九〇六 | 五五 | 四・三〇 青山練兵場の凱旋観兵式に行幸（図74） | 一一・二六 南満州鉄道会社設立 |
| 四一年 | 一九〇八 | 五七 | 一〇・一三 戊申詔書 | 一〇 樺太の国境画定作業が終了（図75） |
| 四二年 | 一九〇九 | 五八 | 一一・一九 赤坂離宮の観菊会に行幸啓（図76） | 一〇・二六 伊藤博文没（六九歳） |
| 四三年 | 一九一〇 | 五九 | | 五・二五 大逆事件<br>八・二二 日韓併合条約（図77） |
| 四四年 | 一九一一 | 六〇 | | 二・二一 日米新通商航海条約により関税自主権を確立 |
| 四五年 | 一九一二 | 六一 | 五・七 第九回万国赤十字総会に際し、皇后よりご下賜金（昭憲皇太后基金）<br>七・一〇 東京帝国大学に行幸（図78）<br>七・二〇 官報号外で天皇のご容態を発表<br>七・三〇 明治天皇が崩御（図79） | |
| 大正 元年 | 一九一二 | | 大正天皇践祚<br>九・一三〜一五 大喪の礼（図80・81） | 七・三〇 大正と改元<br>九・一三 乃木希典没（六四歳） |
| 三年 | 一九一四 | | 四・一一 昭憲皇太后が崩御（六五歳） | |
| 四年 | 一九一五 | | 一〇・七 明治神宮地鎮祭<br>一二・一 宮内省臨時編修局（臨時帝室編修局）設置 | |
| 九年 | 一九二〇 | | 一一・一 明治神宮鎮座祭<br>一一・三 明治神宮例祭 | |
| 一一年 | 一九二二 | | 七・三〇 明治天皇十年祭 | |
| 一五年 | 一九二六 | | 一〇・二二 明治神宮外苑奉献式（聖徳記念絵画館竣功） | |
| 昭和 二年 | 一九二七 | | 三・三 明治節制定の詔書 | |
| 八年 | 一九三三 | | 九・三〇 「明治天皇紀」と「絵画一帙」を昭和天皇へ奉呈 | |
| 一一年 | 一九三六 | | 四・二一 聖徳記念絵画館完成記念式 | |
| 四三年 | 一九六八 | | 一〇・二三 明治百年記念式典 | |
| 平成二四年 | 二〇一二 | | 七・三〇 明治天皇百年祭 | |

明治天皇百年祭記念

# 明治天皇とその時代

『明治天皇紀附図』を読む

平成二十四年七月三十日　第一刷発行

監　修　明治神宮

編　者　米田雄介

発行者　前田求恭

発行所　株式会社　吉川弘文館

郵便番号一一三—〇〇三三

東京都文京区本郷七丁目二番八号

電話〇三—三八一三—九一五一（代表）

振替口座〇〇一〇〇—五—二四四

http://www.yoshikawa-k.co.jp/

印刷・製本＝株式会社　東京印書館

撮影＝伊奈英次

装幀＝河村　誠



ISBN978-4-642-08079-8